TODOS A LA MESA

Espasa, en su deseo de mejorar sus publicaciones, agradecerá cualquier sugerencia que los lectores hagan al departamento editorial por correo electrónico: sugerencias@espasa.es

Espasa, sello editorial de Editorial Planeta, S. A.
Avda. Diagonal, 662-664, 08034 Barcelona
www.planetadelibros.com
www.espasa.com

Diseño de la cubierta: ELEYUVE estudio
Diseño de maqueta y de interiores: ELEYUVE estudio
© Ilustraciones del interior: ELEYUVE estudio
© Fotografía de la cubierta: Inés Garp
© Fotografías del interior: Inés Garp (págs. 8, 11 y 284), Unsplash (págs. 20, 22-24, 27, 29-31, 45) y Roberto Bosquet (el resto)

Primera edición: noviembre de 2024

ISBN: 978-84-670-7451-2
Depósito Legal: B. 18.140-2024
Preimpresión: Safekat, S. L.
Impresión: Gómez Aparicio
Printed in Spain - Impreso en España

TODOS A LA MESA

Recetas brutales para cada momento

CHEF BOSQUET

ESPASA

ÍN-
DICE

IN IT

RO

La vida es corta, y muchas veces perdemos el tiempo pensando o preocupándonos por cosas que no son importantes e incluso por algunas que nunca van a llegar a suceder, cuando lo que tenemos que hacer es muy simple: intentar disfrutar al máximo de cada momento y, sobre todo, compartirlos con las personas que más queremos.

Si lo piensas, estos momentos suelen pasar —antes, durante o después— en torno a una mesa o rodeados de comida. Crear un menú para estas situaciones puede ser muy complicado y estresante, y precisamente por eso he escrito este libro y he preparado distintas combinaciones que te irán genial para esos instantes de tu vida que más quieras disfrutar, con la seguridad añadida de saber qué estás haciendo y, especialmente, ¡sabiendo que vas a triunfar!

He elegido los mejores platos que he cocinado y probado en estos últimos años y los he dispuesto de una forma ordenada en función de lo

Si estás bien, cocina para potenciar tu felicidad. Si estás mal, cocina para ser feliz.

que puedas necesitar en cada ocasión, y con elaboraciones adaptadas para que, con los utensilios e ingredientes básicos, tengas un éxito total y quedes como un auténtico chef.

Más adelante te contaré cuáles son las claves para triunfar en la cocina, pero sin duda quiero hacer hincapié en un punto que me parece el más importante y realmente la razón de mi profesión, que no es otro que cocinar con todo el cariño del mundo para hacer felices a los demás.

La cocina es felicidad. Si estás feliz, es más probable que te salga mejor lo que cocines; y si no lo estás, el hecho de cocinar para hacer feliz a los demás te hará sentirte mucho mejor y te contagiarás de esa felicidad. Se va a crear un círculo del que solo pueden salir cosas buenas, ¡lo tengo perfectamente comprobado! Si estás bien, cocina para potenciar tu felicidad. Si estás mal, cocina para ser feliz.

Sin más, solo puedo agradecerte por estar aquí y animarte a que cocines este libro y disfrutes de la vida como te mereces.

BOSQUET

GU

En el libro vas a encontrar muchas recetas, unas más sencillas que otras, pero para mí lo más importante no es que consigas replicarlas, sino que seas capaz de cocinarlas. No hagas recetas, aprende a cocinarlas.

Seguir una puede ser relativamente sencillo, pero es muy curry , ya que no disponer de un ingrediente puede hacer que desestimes prepararla o limites la calidad del resultado final, pero si aprendes a cocinar y entiendes con qué estás trabajando, podrás adaptar todas sin que afecte al resultado último e incluso crear tus propias variantes. Por eso es funda-

ÍA

PARA COCINAR ESTE LIBRO

mental que uses las guías de sustitución de ingredientes que te propongo y también la guía de sabores.

Cuando haces una receta por primera vez, puede que se parezca más o menos a la original, pero si te ciñes a seguir los pasos a rajatabla, simplemente habrás ejecutado una secuencia de instrucciones, con un resultado delicioso, ¡eso sí! Para que tu experiencia sea superior, debes prestar atención a esto que te cuento. Te dejo mis diez reglas básicas para el éxito en la cocina.

El ingrediente principal es el cariño

Suena a tópico, pero es así. La cocina no es una lotería. Las recetas cada vez te saldrán en un punto, aunque parezca imperceptible a veces. Muchos factores van a hacer que cambie el resultado final, pero solo ligeramente. Puede que un día sea un ocho y otro un diez, pero nunca un cuatro, si tú quieres, claro. Si sigues los pasos, te esfuerzas y estás pendiente de cada uno como si fuera el más importante, nada puede salir mal.

Repite y repite para hacerla mejor

Hacer una vez una receta te servirá como una forma de experimentar con algo nuevo, pero para aprender a cocinarla, debes hacerla varias veces. Cada vez que la prepares te saldrá mejor, ya que entenderás mejor también cada paso, cada punto de cocción y, sobre todo, la harás tuya. Esto es clave porque yo tengo unos gustos, pero tú y tu familia seguramente tengáis unos diferentes, y si ajustas la receta a los vuestros, es cien por cien seguro que vas a poder mejorar mi plato.

Controla la cocción y el sabor

Muchas veces, especialmente en las recetas saladas, los tiempos y algunas cantidades como las del sazón son variables, por lo que es esencial que aprendas a controlar las cocciones y ajustar de sal y especias, porque será la diferencia entre preparar un plato sin más y crear algo espectacular. Si sigues la receta en cada momento y pruebas de sabor y de cocción durante y al final del proceso, todo saldrá bien. A veces cocinamos y, cuando probamos el plato en la mesa, es como una lotería, no tenemos ni idea de cómo puede saber y esto puede acabar bien o muy mal. Si quieres acertar con el punto de una carne, comprueba haciendo un pequeño corte; si quieres que un arroz esté ajustado de sal, prueba el caldo; si quieres que una salsa o un relleno estén en su punto, ajusta su sabor durante la cocción. Con estos simples gestos aumentarás en gran medida tus posibilidades de éxito.

Comprueba que tienes todos los ingredientes

Es primordial revisarlos porque puede que en el momento de cocinar te falte algo insustituible de la receta y no puedas hacerla con el nivel que requiere e incluso, directamente, no puedas elaborarla.

Mise en place

No menos importante es tener una *mise en place*. Si tienes todo preparado con anterioridad y pesado en su caso, aunque parezca que estás retrasando el momento del cocinado, en realidad vas a hacer que todo sea mucho más fluido e, indudablemente, ahorrarás tiempo. Esta es una barrera mental que hay que superar y cuando lo hagas, comprobarás que hay un antes y un después. Esto es muy importante si vas a hacer muchas raciones, porque preparar algo desde cero te puede llevar, por ejemplo, 1 h, pero preparar diez con una *mise en place* correcta te llevará más bien 1 h y 10 min e incluso menos. Este hecho es el que permite que un restaurante sirva en pocos minutos un plato que requiere una elaboración de varias horas.

Lee la receta antes de empezar

Incluso el día de antes por si tienes que preparar cosas con anterioridad. Lee los pasos detenidamente hasta que entiendas y visualices el proceso. En ese momento cocinarás controlando la receta. Esto también te ayudará a organizarte si tiene pasos de espera intermedios o para hacer pasos previos.

Anticípate

Si vas a preparar varios platos, adelántate. Los postres seguramente los podrás preparar con un día de antelación al menos y muchas de las preparaciones saladas también. Aprovecha momentos muertos para cocinar elaboraciones de larga duración y ten en cuenta también que muchas cosas las puedes congelar sin problema.

La respuesta seguramente la tienes en este libro

Échale un vistazo en general. Si tienes dudas, es posible que las tengas resueltas en algún apartado fuera de las recetas. Como último recurso, me puedes preguntar a través de Instagram. Te responderé lo más pronto posible. Puede que tarde un minuto o una semana.

Trabaja sobre limpio

Aparte de por salud, es fundamental trabajar en la cocina limpia. Te ayudará a que no se mezclen las cosas, a controlar mejor posibles intoxicaciones y, lo más importante, a cocinar con la paz mental necesaria para poder disfrutar. Todo lo que no estés usando en ese preciso instante, no debe estar en la superficie de trabajo, aunque lo vayas a utilizar dentro de diez segundos.

Calidad

Cuanto mayor sea la calidad de los ingredientes, mejor será el resultado. Intenta comprar productos de temporada porque, además de tener su punto óptimo, estarán a mejor precio, y si una cosa en concreto es muy cara, es más que seguro que encuentres algo parecido que pueda suplir ese ingrediente de una forma más económica. En las tiendas o supermercados donde compras el personal siempre estará dispuesto a ayudarte, y te aseguro que saben perfectamente el producto que tienen entre manos, por lo que te aconsejarán muy bien.

tips

Presta atención a los consejos de cada receta. Suelen ser valiosos y te ayudarán por ejemplo a sustituir un utensilio por otro en caso de que no lo tengas. También ten en cuenta las posibles sustituciones de alimentos que se explican desde la página 32 a la 45 del libro. Te serán muy útiles.

Por último, he creado para cada uno de los momentos una lista de reproducción a la que podrás acceder directamente a través de los códigos QR que aparecen en cada una de las portadillas de cada momento.

En algunas recetas tendrás un código QR que te enviará a un vídeo en el que te contaré aspectos que deberías tener en cuenta en la preparación de la receta o de alguno de sus pasos.

Para cada uno de los momentos del libro he creado una lista de reproducción en mi canal de Spotify que seguro darán un ambiente genial a cada uno.

UTENSILIOS

BÁSICOS

Te voy a señalar por una parte los básicos que deberías tener y por otra los elementos que está genial tener. No son caros y, aun así, te diré cómo sustituirlos puntualmente con ideas caseras.

Puede parecerte mucha cosa, pero seguro que ya tienes muchas más que en realidad no son necesarias, así que te aconsejo que hagas una buena limpieza: mete en una caja cualquier material que no recuerdes la última vez que lo usaste o si ya hace varios meses está ocupando un espacio innecesario en tu cocina. Esta caja guárdala en otro sitio, ya sea un trastero o similar, y si en algún momento necesitas algo, puedes ir allí a buscarlo.

Lo que voy a describir simplemente son elementos que van a hacer tus días mucho más cómodos, no son imprescindibles, como digo, pero mejoran tu calidad de vida de manera considerable.

Te hablaré de distintos tipos de máquinas y lo que pueden llegar a hacer para que combines lo que más te convenga.

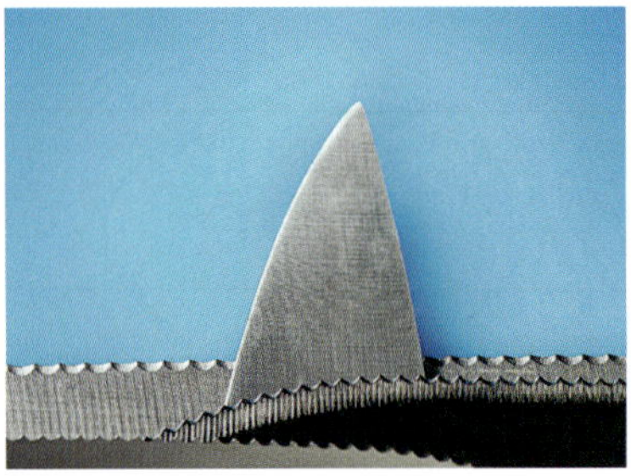

Corte

Mejor tener un juego bueno que cincuenta cuchillos que no sirven para nada. No pueden faltar:

Una puntilla o un cuchillo pequeño liso. Te ayudará a realizar cortes precisos y pelar algunos vegetales.

Un cuchillo de chef. Te vale prácticamente para todo, salvo para cortes muy precisos, que también sirve, pero será más incómodo.

Un cuchillo de sierra. Para cortar panes y algunos vegetales como tomates.

Un buen pelador. Es esencial para ahorrar tiempo y, además, te aseguras que quitas la piel justa y necesaria.

Una buena tabla. Una o varias de madera son claves. Si tienes bastantes, genial, pero si no, con una amplia será suficiente. Es muy importante, insisto, que sea de madera, ya que otros materiales suelen tener microplásticos que con el corte y el contacto acaban trasladando estos a los alimentos que vas a ingerir. Ten en cuenta también que al contrario de lo que se pensó hace unos años las maderas son totalmente seguras y, pese a ser porosas y a veces albergar bacterias, estas no son capaces de sobrevivir en este tipo de material, por lo que en este aspecto no hay ningún problema.

Un rallador combinado con distintos tipos de corte y un microplane. Fantástico para queso o cítricos sin llegar a la parte blanca.

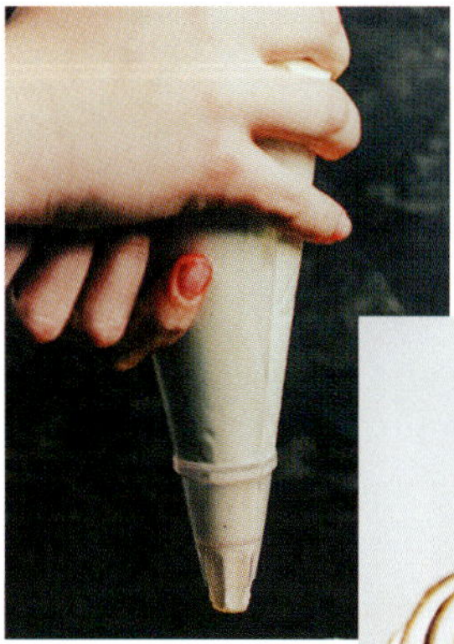

Menaje

Varillas metálicas. Te servirán para batir mezclas, integrar ingredientes y emulsionar. Una metálica de tamaño medio es perfecta. Para montar nata o cremas de repostería te recomiendo unas eléctricas, ya que ganarás mucho tiempo.

Manga pastelera reutilizable de silicona. Se limpian muy fácil. Puntualmente puedes usar una bolsita de plástico de congelación.

Lenguas de distintos tamaños. Son geniales para rebañar bien los alimentos de los recipientes.

Espátula pequeña. Hasta que no la tienes no te das cuenta de que es vital, en especial en repostería. Para transportar pequeñas preparaciones es casi imprescindible.

Juego de paletas. Paleta plana, cucharón, espumadera.

Pinzas de cocina.

Colador fino. Para espolvorear especias, decoraciones, etc.

Cucharas de madera para remover cosas calientes. No se van a derretir ni van a rayar tus sartenes.

Varias fuentes de horno. Alguna de buen tamaño con paredes altas para cocinar alimentos tapados, como el cordero o el costillar; otra plana y amplia —la típica que va con el horno— y luego otras más pequeñas que te valen para lasañas u otros gratinados.

Báscula digital.

Sartenes

Varias sartenes antiadherentes de distintos tamaños.

Una plana y amplia o crepera.

Un cazo. Es importante que sea metálico porque cuando remueves mezclas con varillas puede que se raye.

Dos sartenes de hierro de distintos tamaños. No son nada dañinas y conservan muy bien el sabor de los alimentos.

Una olla exprés. La puedes usar como olla normal también.

Una plancha de asar.

Paella de distintos tamaños, aunque al menos una de 35 cm deberías tener.

Un caldero para hacer arroz caldoso. A pesar de que te puedes apañar con una olla, es más incómodo.

Pequeño electrodoméstico

Picadora de aspas largas. Va genial para mezclas que no son muy líquidas y ocupa poco espacio. Para bizcochos, frutos secos —solo para picar, para hacer crema no vale—, fruta congelada o picar verduras.

Batidora de brazo. Para triturar cremas, tartas cremosas, pesto, etc. Ocupan poco espacio.

Varillas eléctricas. Para montar nata o claras son fantásticas. Puedes usar manuales, pero tardarías mucho.

Combinada. Reúne las tres anteriores con distintos accesorios. Asegúrate de que tiene una potencia de al menos 1000 W.

Batidora de vaso. Tienes varias opciones: la sencilla, con aspas cortas, que sirve solo para mezclas líquidas, tipo batidos. Con aspas largas y accesorio, para mover el interior —la típica que puedes meter un émbolo mientras trituras para ayudar al triturado—. Son más grandes, aunque tampoco mucho, pero te sirven para mezclas líquidas y no líquidas, cremas de frutos secos, triturar bizcochos, etc.

Gofrera. No ocupan apenas espacio y son rápidas. Pueden hacer perfectamente el trabajo de una sandwichera.

Tostadora. En función del uso que le des, tienes de diferentes tipos y tamaños. Siempre va bien tener una, aunque con una airfryer o una plancha puedes obtener el mismo resultado.

Robot de cocina. Existen en el mercado gran variedad, de tamaño pequeño, económicos y que van igual o mejor que los típicos que conocemos de toda la vida. La diferencia en este caso de trescientos euros a más de mil en cuanto a funcionamiento y prestaciones se debe únicamente a la marca —tengo una gran experiencia con este tipo de robots de distintas firmas—. El secreto está en utilizarlo correctamente.

Moldes

Donakeds. Sin duda, el mejor material es la silicona, concretamente la platino, libre de BPA y la más segura para cocinar. Intenta que el molde sea de 12 cm, pues de esta forma, ya que te pones, tienes una buena cantidad cocinada —si quieres menos, llena la mitad de moldes y listo—. Tienes disponibles los que he creado con estas características con Jata para que te sea todo más fácil y seguro.

Donakeds rellenos. Con las mismas características que los anteriores, con la salvedad de que tienen el agujero tapado, por lo que les puedes añadir el relleno de una forma muy sencilla sin que se salga y tener los donakeds con sorpresa. ¡También sirven para hacer muffins con relleno!

Barritas. Con las mismas características que los anteriores, son muy prácticos para hacer helados tipo barrita, bollitos pequeños, barritas para llevarte en salidas deportivas o turrones individuales.

Molde de plum cake de silicona platino. Van geniales para hacer bizcochos y te permiten cocinar en el microondas, por lo que ahorras mucho tiempo con un resultado muy parecido.

Pasteles y bizcochos. Lo ideal es tener de distintos tamaños y desmontables. Son muy prácticos y económicos. En casa, el que más uso es el de 20 cm y después el de 16 cm. Puedes tener uno de 24 cm para celebraciones grandes.

Aro de emplatar de 8 cm. Te servirán para el tartar y para hacer las hamburguesas del mismo tamaño.

Moldes de helados/polos. Existen muchos tamaños y formas, pero si no van a ser polos con ingredientes muy bajos en calorías, como los hechos a base de fruta, leche, etc., te recomiendo que uses de tamaño mini. Saciarán tus ganas de dulce sin afectar a tu dieta.

DES PEN SA

Está claro que en tu despensa tendrás tus básicos, tampoco pretendo que tengas lo mismo que yo, pero te voy a decir qué no falta en la mía y que seguro te ayudará a cocinar este libro, además de ponértelo más fácil en la mayoría de recetas que prepares habitualmente.

SAL

Es imprescindible, pero está genial tener de distintos tipos. Aparte de la marina, siempre tengo escamas de sal y también la negra que da un toque extra de color y de sabor.

HIERBAS FRESCAS

Para finalizar platos o dentro del cocinado son esenciales. Igual que para aromatizar las preparaciones.

ESPECIAS

Diferentes clases de pimientas y muchas especias. Tan solo cambiando una le puedes dar un giro de ciento ochenta grados al plato y, por supuesto, pueden convertir uno plano en algo muy especial.

PICANTE

Ya sea en forma de salsa, aceite o especias. Es importante tenerlos disponibles, aunque sea una opción e independientemente de que quieras que un plato pique. Si buscas el picante, genial; no obstante, si lo que deseas es darle una subida de tono y de sabor a cualquier preparación, también te van a ayudar.

TOMATE TRITURADO O PURÉ DE TOMATE

Está genial rallar tomate natural; sin embargo, muchas veces, o no es temporada de buenos tomates o no tienes tiempo. Por suerte, hoy en día hay excelentes purés ya hechos en el mercado, además de latas de tomate pera pelado, que si lo trituras obtienes también el puré.

ACEITE DE OLIVA VIRGEN EXTRA

Actualmente podrás encontrar muchos aceites en el mercado, pero para mí solo hay uno imprescindible, y es el AOVE. Vale para todo, es el más saludable y también el que mejor se comporta cuando es sometido al calor.

HUEVOS

Contienen la proteína de mayor calidad que existe y te permiten aportar proteínas a tu comida de la forma más fácil y en mil variantes. Además de que se conserva fresca mejor que cualquier otra.

FRUTOS SECOS

Puedes tener tus favoritos o varios, pero te van a ayudar mucho en tu día a día. Desde snack hasta hacer las veces de harina en cualquier preparación, pasando por una crema, un rebozado o dar un toque crunchy a tus ensaladas.

CÍTRICOS

Lo ideal es tener naranjas, limones y limas siempre, pero con tener al menos uno de los cítricos será suficiente para dar un extra con ralladura o para preparar vinagretas y salsas.

AJOS Y CEBOLLAS

Son la base de cualquier sofrito. No pueden faltar jamás.

QUESOS

Los que sea. Siempre es buena opción tener varios en casa para preparar tus platos.

CHOCOLATE

Es ideal tener de distintos porcentajes de cacao, ya que con chocolate y poco más podrás preparar multitud de postres.

MUCHOS VEGETALES

Desde frutas hasta tubérculos, pasando por todo tipo de vegetales, primando siempre que sean de temporada.

SUSTITU

CIONES

En el momento en que, para sustituir un ingrediente, necesites añadir más de dos, lo mejor es cambiar de receta.

La unión de sabores de cada receta es la mejor opción y combinación que creo que puede haber, pero seguro que, si innovas con tus gustos o tus apuestas, puedes encontrar nuevos matices que mejoren las mías. ¡Lánzate y experimenta!

Para cambiar algo, debe tener la misma textura. No se puede cambiar un líquido por un sólido, por ejemplo. En este caso, deberías compensar.

Endulzantes

En el libro voy a usar de referencia el eritritol, dando un valor de cien para definir las equivalencias con otros. Aunque parezcan extraños o difíciles de encontrar, los vas a poder comprar con facilidad por la red.

ERITRITOL

De origen natural procedente de la fermentación de algunas frutas. Tiene un poder endulzante un poco más bajo que el azúcar, pero el secreto está en usar la cantidad suficiente sin pasarte, ya que, si lo haces, se va a notar y tiene un sabor como mentolado.

XILITOL

Es similar al eritritol, en este caso procede de la corteza de un árbol, el abedul, pero produce malestar intestinal en más ocasiones que el eritritol.

INULINA

Es una fibra que suele proceder de la achicoria o del agave —ligeramente más dulce—. Tiene poder endulzante, pero muy bajo. Para potenciar el sabor dulce de un alimento o darle un toque ligeramente dulzón está bien, pero nunca conseguirás que algo quede lo suficientemente dulce por sí solo. Añade un 50 % más respecto al eritritol y ten en cuenta que es espesante, por lo que puede que tengas que agregar algo más de líquido.

OLIGOFRUCTOSA

Procede de la fibra de la achicoria, es parecida a la inulina, pero sin ese poder espesante y con mayor capacidad endulzante, aunque también queda lejos del eritritol. Utiliza un 50 % más respecto a este.

AZÚCAR DE COCO

Lo destaco entre el resto de azúcares porque, además, aporta un toque de sabor a caramelo. Su poder endulzante es ligeramente superior al eritritol por lo que utiliza un 20 % menos en su caso. Este poder endulzante también lo tienen azúcares integrales como la panela.

MIEL

Tiene un poder endulzante superior al eritritol, por lo tanto, con un 30 % menos estaría bien. La miel no la uso como endulzante como tal, sino para aportar su sabor característico en algún punto concreto. Que no te engañe el hecho de que pueda tener vitaminas o fibra respecto a otros endulzantes, deberías tomar cantidades ingentes para notar estos beneficios.

AZÚCAR

Por lo general, en todas las recetas que encuentres, indica una cantidad exageradamente superior a la que necesita. En cuanto a mis recetas, puedes usarlo, pero pon un 50 % menos que de eritritol.

PASTA DE DÁTIL

Su poder endulzante es inferior al eritritol, por lo que habría que usar un 40 % más. Salvo que la utilices para distintas recetas de golpe, creo que no es buena idea recurrir a esto porque, o se te pone mala, o comes demasiado dulce para acabarla antes de que se ponga mala. Mejor usa dátiles naturales.

DÁTILES

En España, los más habituales son el deglet nur —es el pequeño y menos carnoso— y el medjoul —más grande y carnoso—. El primero endulza menos, por lo que respecto al eritritol lo suyo sería añadir un 40 % más, y es ideal hidratarlo 10 min en agua caliente antes de usarlo. El segundo, con un 20 % estaría bien, y si está muy tierno, no es necesario hidratarlo. Eso sí, los dos hay que triturarlos con el resto de ingredientes o con parte de ellos.

PLÁTANO, MANGO, SANDÍA, MELÓN, MANZANA Y PERA ASADA U OTRAS FRUTAS DULCES

Van genial para endulzar, aunque pueden aportar algo de sabor en función de otros ingredientes que lleve la receta.

Gelificantes

Te valen tanto para gelificar como para espesar cualquier mezcla, usando menor cantidad. En los que no pierden la consistencia con el calor puedes transformarlos en un gel después de que hayan cuajado simplemente con triturar.

GELATINA

Por cada litro o kilo de preparación usa nueve hojas de gelatina. Una vez ha gelificado, si le aplicas calor, se va a derretir.

CUAJADA

Sigue lo que indique el paquete. Si le aplicas calor después de cuajar, se va a derretir.

PECTINA NH

Se emplea en repostería profesional. No hablo de ella en el libro porque su uso es ligeramente complejo, aunque la verdad es que es muy buena. Para empezar, es importante que sea NH, ya que la que no lo es no funciona bien. Hay que calentar la preparación a una temperatura concreta antes de añadirla y luego debe tener una temperatura concreta a la hora de aplicarla. El resultado es una gelatina muy consistente que no va a variar, aunque le apliques calor. Es la mejor opción para gelificar frutas. La puedes encontrar fácilmente en la red.

MAICENA, ALMIDÓN DE PATATA O DE YUCA

Cocinando con una mezcla líquida hasta que empiece a espesar conseguirás un efecto gelificante que no va a variar, aunque posteriormente le añadas calor.

GOMA XANTANA

Tan solo añadiendo a la mezcla este polvo y triturando con ella va a hacer que espese. Lo ideal es usarlo para espesar, no para gelificar. Con muy poca cantidad puedes obtener muy buenos resultados.

AGAR-AGAR

Por cada litro o kilo de preparación usa dos cucharaditas rasas de agar-agar. Tiene que hervir ligeramente durante 2 min, pero puedes activarlo con un poco del líquido de la preparación y luego mezclar con el resto de ingredientes. A diferencia de la gelatina, una vez ha gelificado, aunque le apliques calor, no va a perder la consistencia.

tips

Las preparaciones que contengan gelatina en invierno quedarán más sólidas y en verano más flojas. Ajusta sobre todo si vas a transportar un postre desde casa a otro sitio.

La cuajada deja las preparaciones con un poco menos de cuerpo.

Cuidado con excederte con el agar-agar; si te pasas, tendrá una textura complicada.

Frutos secos

Por lo general, son intercambiables entre sí. Para eliminar los frutos secos:

SI VAN COMO TOPPING

Soja texturizada o copos de maíz sin azúcar para aportar esa textura crujiente.

BASES DE PASTELES, GALLETAS O TARTAS

Por copos de avena triturados, harina de avena, harina de trigo sarraceno, soja texturizada, copos de maíz sin azúcar. En el caso de masas que no se vayan a cocinar, prescinde de las dos harinas. Concretamente, para base de tarta. Puedes usar galletas trituradas.

SI VAN DENTRO DE UN BIZCOCHO

Para hacer las veces de harina, puedes cambiar por harina de avena o de trigo sarraceno. Controla los puntos de cocción, ya que se cocinará ligeramente antes y añade en su caso un 20 % menos de cantidad de harina respecto al fruto seco.

CREMA DE FRUTOS SECOS

Puedes sustituir con otras cremas como el tahini —pasta de sésamo—, pero te arriesgas a dar un exceso de sabor. Utiliza también puré de calabaza o boniato en preparaciones como una crema de cacao o un caramelo salado, o mantequilla en unas galletas o bizcocho.

Lácteos

LECHE

Se puede intercambiar siempre por cualquier bebida vegetal y por sus versiones sin lactosa.

YOGUR GRIEGO

Opción vegana: el cambio ideal es el yogur de coco, aunque puedes usar también de soja, almendras o anacardos.

Otra alternativa: queso batido.

QUESO CREMA Y MASCARPONE

Opción vegana: queso crema vegano.

Otra alternativa: skyr.

También funciona bien el queso batido y el queso vegano.

NATA

Como opción vegana y mi favorita, la leche de coco. Para preparaciones donde no necesitas montar nata va perfecta, y en el caso de tener que hacerlo, usa solo la parte sólida —se separa en la nevera—.

Harinas y otros cereales

HARINA DE GARBANZOS

Por harina de avena, sorgo o trigo sarraceno, pero ajusta las cantidades porque no absorben el mismo líquido.

HARINA DE AVENA

Por harina de trigo sarraceno o de sorgo.

HARINA DE COCO O COCO RALLADO

Por harina de frutos secos.

COPOS DE AVENA

Por semillas de cáñamo —absorben mucho menos líquido— o por copos de trigo sarraceno.

HARINA DE TRIGO

La más parecida es la de sorgo, y si buscas efectos panificables, tendrás que combinarla con el psyllium.

CACAO

Si no puedes tomar cacao y/o para peques, una opción genial es la algarroba en polvo. Para quitar el cacao de una preparación simplemente sustituye por cualquier harina; aunque sea de frutos secos, es suficiente.

Carnes

PREPARACIONES CON CARNE PICADA

Soja texturizada. Cocinada en una buena salsa de tomate puedes tener una salsa boloñesa genial.

Lentejas. Ídem que la soja texturizada.

Bonito, atún, caballa o melva en conserva. Ideal para añadir en la parte final en la preparación de salsas con tomate o nata. Para rellenos de musakas, lasañas, etc.

CARNES CON SALSA

Tofu. Te puede ir genial en recetas que tengan carne para sustituirla ya que absorbe muy bien el sabor de las salsas.

Atún fresco o salmón en tacos. Ídem que el tofu, pero controlando el punto de cocción.

CARNE MECHADA

Jackfruit. Es una fruta de origen asiático que vas a encontrar en zonas de productos ecológicos y que, si la desmigas, puedes utilizarla para sustituir el pollo o el cerdo mechado.

Bonito, atún, caballa o melva en conserva.

CARNE REBOZADA

Por tofu o coliflor.

Pescados

Sustituciones similares a la carne.

Grasas

ACEITE DE OLIVA

Puedes usar otros aceites como el de sésamo en recetas saladas o el de coco en repostería, que aporta un sabor más dulce.

ACEITE DE COCO

En preparaciones que tienen que solidificar en frío, como la base de un pastel, puedes sustituir por mantequilla, que tendrá un efecto parecido. El aceite de oliva no va a conseguir que solidifique, por lo que no funcionaría para este tipo de preparación. En caso de preparaciones en caliente o simplemente para engrasar, sí son intercambiables.

MANTEQUILLA

Ídem que el aceite de coco, cambiando en este caso al revés.

ACEITE DE SÉSAMO

Su función es más para dar un toque de sabor que para engrasar, por lo que se elimina y ya está. Podrías añadir un poco de tahini.

Huevo

SEMILLAS DE LINO Y DE CHÍA

Mezcla 1 cucharada de semillas de lino o de chía con 3 cucharaditas de agua, mueve para mezclar y deja reposar durante 5 min para que espese. Pueden estar molidas o no.

ALMIDÓN DE YUCA O PATATA

5 g de almidón de yuca o patata, 15 g de harina de trigo sarraceno/ avena y 30 g de bebida vegetal = 1 huevo. Es efectivo en tortitas, bizcochos, etc.

PLÁTANO

En galletas o brownies irá genial; en bizcochos faltará consistencia.

SAL NEGRA

Aporta sabor a huevo en recetas sin él.

AQUAFABA

El agua de las legumbres sustituye la clara de huevo en un merengue.

GARBANZO

50 g de harina de garbanzo y 150 g de agua = para hacer de huevo batido para rebozar.

Frutas

La clave en sustituir correctamente las frutas está en tener en cuenta su textura.

PLÁTANO

Generalmente puedes reemplazar por mango, melocotón, aguacate o papaya. Las mezclas quedarán ligeramente con menos cuerpo —salvo el aguacate—, pero muy similar.

Puedes cambiar también por boniato o calabaza asada.

El dátil quedaría bien, pero tendrías un exceso de dulce con las mismas cantidades. Sería ideal cambiar la mitad de los dátiles por algún líquido.

Para cambiar por aguacate, papaya o boniato tendrías que compensar el sabor dulce, ya que estos tres son bastante menos que el plátano.

Por frutas como el melón, las fresas o la sandía cambiará la textura al tratarse de frutas demasiado acuosas, así que, si no vas a preparar algo como un batido, mejor no hagas este tipo de cambios.

FRUTOS ROJOS

Son intercambiables entre sí; cambiará el sabor, pero no la textura.

En caso de cambiar por otras frutas como la pera, que tiene un gusto más suave, puede que te quedes corto de sabor en la preparación.

COLOR

Es importante tener en cuenta los colores e intentar combinar los de la misma gama —en recetas donde vaya a haber fruta triturada—, ya que de lo contrario quedará un plato con un color poco apetecible.

SOLUCIONES

DE

BOMBERO

Las soluciones o ideas de bombero no son otra cosa que acciones que se llevan a cabo con el objetivo de solventar algún problema o contrariedad, pero que no existe un patrón definido y concreto para hacerlo, sino que tienes que adaptarte tú a las circunstancias.

Esto te pasará bastantes veces en la cocina, ya que hay muchos condicionantes que pueden hacer que varíe el resultado final, desde la temperatura que haga en tu casa hasta los ingredientes concretos que tengas, pasando por los utensilios o aparatos de los que dispongas.

Te voy a enumerar algunos problemas que se podrían dar y te daré posibles remedios.

UN POSTRE QUE HA QUEDADO MUY POCO DULCE

Puedes acabarlo o servirlo con algo de endulzante espolvoreado o un chorrito de endulzante líquido, como miel. No vas a aportar una cantidad importante de azúcar, pero la percepción cambiará por completo.

UN PLATO QUE TIENE POCO SABOR

Añade una pizca de sal a un bocado y pruébalo. Si ahora está en su punto, lo único que falta es sal y tienes que agregar un poco en el resto. En caso de que no mejore, revisa el proceso porque quizá falta algún paso o ingrediente, aunque igualmente podrás enmascararlo con especias, pimienta o un toque de picante.

UN CALDO SIN SABOR

O le falta sal o la concentración de producto versus agua es demasiado baja. En el primer caso, lo solucionas con sal; en el segundo, reduce el caldo de forma que se evapore una parte y se concentre el sabor.

UNA SALSA MÁS LÍQUIDA DE LO QUE DEBERÍA

Integra un poco más de cantidad de los ingredientes secos o con textura más sólida que contenga el plato.

UNA SALSA DEMASIADO ESPESA

Añade un poco de alguno de los líquidos que contenga la salsa y mezcla.

UNA SALSA QUE SE HA CORTADO

Generalmente, será suficiente triturar hasta que vuelva a emulsionar, aunque en ocasiones esto no sirve. Una salsa holandesa cortada se puede recuperar, pero lo que te va a costar recuperarla vale la pena volver a empezar. En caso de que se corte la nata cuando la montas, ya no hay marcha atrás, por lo que lo mejor es continuar y hacer mantequilla y, por otra parte, volver a montar más nata.

UNA SALSA QUE NO HA QUEDADO CREMOSA DESPUÉS DE MEZCLAR CON LA PASTA

Lo ideal es añadir alguno de los líquidos usados en la receta, como podría ser un poco más de salsa, un poco de agua de cocción o, incluso, algo de mantequilla.

UN ARROZ QUE SE ESTÁ QUEDANDO SIN CALDO ANTES DE LLEGAR A SU PUNTO DE COCCIÓN

Si tienes más caldo, añádelo poco a poco calentándolo previamente. Si no es así, baja el fuego al mínimo y 3 min antes de llegar al tiempo correcto y mientras quede algo de líquido, apaga el fuego y tapa con papel de aluminio, aguantando ya hasta el final del reposado.

UN ARROZ SECO QUE TIENE DEMASIADO LÍQUIDO

Puedes cambiar el plan y hacerlo meloso, subir el fuego para que se evapore más rápido o con una cuchara quitar el exceso.

OH NO

UNA CARNE EN EL HORNO QUE QUEDA TIRANTE

Necesita cocción. Vuelve a introducirla en el horno y si tienes comensales muy impacientes, prepara uno de los entrantes rápidos que puedes encontrar en el libro.

UN PESCADO GRUESO SE HA QUEDADO UN POCO CRUDO

Dale 15 segundos de microondas. Conseguirás cocinar el centro de la pieza sin que se reseque.

UN BIZCOCHO O UNAS GALLETAS QUE NO HAN SALIDO BIEN

Úsalos para otra cosa. El bizcocho te puede servir como base de postres fríos como un tiramisú y las galletas las puedes utilizar para preparar una base de tarta fría, mezclando con un poco de mantequilla.

NO SE PUEDEN DESMOLDAR DONAS, BARRITAS O CUALQUIER OTRA PREPARACIÓN

No te preocupes, congela completamente y de esta forma podrás desmoldar sin problema.

UN BIZCOCHO QUE HA QUEDADO CRUDO

Si no se ha cocinado correctamente, no pasa nada, vuelve a meterlo en el horno y comprueba tras 5 min. Para esto es importante que revises la cocción al salir del horno.

GOFRES, TORTITAS O BASES DE PIZZA QUE SE QUEDAN PEGADOS A LA GOFRERA, LA SARTÉN O EL PAPEL

Simplemente es porque les falta cocción. Cocina un poco más y podrás separar sin problema.

A

B

S

RECETAS

Crepes de yuca

INGREDIENTES

4 huevos
220 g de leche o bebida vegetal
200 g de almidón de yuca
5 g de aceite de oliva virgen extra

PASO A PASO

Tritura o bate todos los ingredientes y deja reposar la masa 5 min. Aprovecha este tiempo para precalentar la sartén o crepera a fuego medio.

Engrasa la sartén con un poco de AOVE o mantequilla y añade un cucharón de masa. La cantidad debe ser la que te permita repartir por toda la sartén con dificultad, ya que así quedará lo suficientemente fina.

Dale la vuelta cuando empiecen a separarse los bordes y cocina unos segundos más antes de retirar. Continúa con el resto de la masa y engrasa cada 2 crepes aproximadamente.

Vete apilándolas en un plato y cubre con otro, de forma que no se sequen y queden flexibles, tiernas y húmedas.

Puedes utilizar almidón de patata en vez de yuca.

Tortillas para tacos

INGREDIENTES

120 g de agua
100 g de harina de trigo sarraceno
5 g de aceite de oliva virgen extra
Sal y pimienta

PASO A PASO

Mezcla y deja reposar la masa mientras calientas la plancha a fuego medio. Añade una cucharada de masa y dale forma redonda con el dorso de una cuchara.

Cuando la tortilla se tueste por un lado, dale la vuelta y deja que se haga por el otro.

Reserva en un plato y continúa con el resto de masa hasta que se acabe.

Mantequilla aromatizada

INGREDIENTES

500 g de nata para montar
Aromatizantes al gusto

PASO A PASO

Monta la nata con unas varillas hasta que se separe la parte líquida de otra más sólida. Escurre bien y lava con agua fría. Envasa en un tarro o en papel y refrigera.

Pon la mantequilla en un cazo y calienta a fuego medio hasta que se funda. En este momento apaga el fuego y añade especias como jengibre, pimienta o cardamomo o hierbas como romero, cilantro o perejil. Tras 10 min cuela si lo deseas, pasa a un envase y refrigera.

Fondo de pescado

INGREDIENTES

1 kg de morralla
600 g de espinas de pescado blanco
3 l de agua
2 champiñones
1 zanahoria
1 cebolla
1 diente de ajo
½ puerro

PASO A PASO

Añade las espinas y la morralla a la olla junto con el agua fría y enciende el fuego. Quita la espuma que se vaya formando.

Incorpora todas las verduras picadas y cuece 20 min desde que empiece a hervir.

Cuela y usa para la preparación que necesites o reserva para otras ocasiones.

Fondo de carne

INGREDIENTES

500 g de huesos de ternera
500 g de carne de ternera para guisar
300 g de huesos de pollo
20 g de concentrado de tomate
3 l de agua
2 cebollas
2 tomates
2 zanahorias
1 jarrete de cordero
1 hueso de jamón
Aceite de oliva virgen extra

PASO A PASO

Coloca los huesos y el jarrete de cordero en una bandeja de horno. Añade también 1 cebolla cortada por la mitad, rocía ligeramente con AOVE y hornea a 240 °C durante 1 h.

Pasa todo a la olla junto con la carne de ternera para guisar, el agua y calienta. Retira la espuma que se vaya formando y agrega el concentrado de tomate, la otra cebolla y las zanahorias cortadas en dados medianos y los tomates partidos en cuartos. Lleva a ebullición y cocina con tapa 8 h. En olla a presión serán 3 h.

Fondo de ave

INGREDIENTES

500 g de alitas
3 l de agua
2 carcasas de pollo
1 pierna entera de gallina
2 zanahorias
2 cebollas
½ puerro

PASO A PASO

Puedes usar todos los huesos que te sobraron de la receta del pollo asado y de la receta de las alitas.

Añade a la olla las carcasas, las alitas y la pierna de gallina con agua fría y enciende el fuego. Quita la espuma que se vaya formando.

Corta las verduras en dados de unos 2 cm y agrégalas a la olla. Cocina a fuego medio con tapa 3 h aproximadamente. Puedes hacerlo en olla a presión, y en 1 h el fondo estará listo. Cuela y usa para la preparación que necesites o reserva para otras ocasiones.

Caldo de huesos

INGREDIENTES

2 kg de huesos asados
3 l de agua
2 hojas de laurel
2 dientes de ajo
1 cebolla troceada
1 zanahoria troceada
1 puerro troceado
1 cucharada de vinagre de sidra de manzana, aunque puedes usar otros
1 cucharadita de pimienta en grano

PASO A PASO

En una olla normal, desde por la mañana hasta por la noche siempre que vayas a estar en casa. En ningún caso te aconsejo que dejes el fuego encendido si vas a salir. Como sabrás, además de cocinero soy bombero y sé de lo que hablo, la seguridad está por encima de cualquier receta. En una olla a presión, unas 6 h de cocción.

Lo ideal es que cada vez que prepares algo con huesos, como una pierna de cordero, un pollo entero o por partes, un costillar de cerdo o de ternera, etc., guardes los huesos en un táper o en bolsas en el congelador para usarlos cuando tengas una buena cantidad.

Al contrario de lo que podrías pensar, que estén ya horneados es un plus en esta receta. Si no han sido horneados previamente, debes tostarlos durante 1 h a 240 °C.

Fumet de gambones

INGREDIENTES

500 g de cabezas y caparazones de gambones
300 g de gambas arroceras o alistada pequeña entera
3 l de agua o de fondo de pescado (pág. 55)
2 dientes de ajo
1 cebolla
Aceite de oliva virgen extra
Sal

PASO A PASO

Pica la cebolla y los dientes de ajo y sofríelos en la olla con AOVE. Cuando estén casi en su punto, añade las cabezas y las pieles de los crustáceos y sigue sofriendo unos minutos sin dejar de remover.

Vierte el agua o el fondo para dar mayor sabor y lleva a ebullición. Ve quitando la espuma que se vaya formando. Cocina con tapa durante 20 min. Luego tritura todo y cuela con un colador fino. Ajusta de sal y utiliza directamente o envasa para otra ocasión.

Esta receta la puedes preparar con cualquier tipo de crustáceo como gambones, que me encantan por su sabor, disponibilidad y precio, pero también te saldrá genial con carabineros, langostinos, gambas de cualquier tipo, camarones, cigalas, galeras y muchos más. Es parecido a un caldo de pescado, pero con un sabor mucho más potente.

Cebolla caramelizada

INGREDIENTES

4 cebollas
25 g de mantequilla (opcional)
Aceite de oliva virgen extra
Sal

PASO A PASO

Corta las cebollas en tiras finas y pásalas a una sartén con un chorrito de AOVE, añade sal y la mantequilla que, aunque es opcional, le da un sabor espectacular. Cocina con tapa a fuego bajo medio, removiendo de vez en cuando. Puede tardar unos 30 min. Primero se ablandarán, luego empezarán a coger un color más amarronado hasta que al final se caramelicen.

El agua que se condense en la tapa deja que caiga dentro de la sartén y cuando la cebolla esté en su punto, mezcla para que emulsione y quede cremosa.

La que no vayas a usar en el momento la puedes guardar varios días en un táper o incluso congelar para otra ocasión.

Cebolla encurtida

INGREDIENTES

2 cebollas moradas cortada en tiras
½ vaso de vinagre de manzana, de Jerez, etc.
½ limón exprimido
1 cucharadita de sal

PASO A PASO

Pon los ingredientes en un recipiente de cristal y cúbrelos con agua caliente. Cierra y refrigera al menos durante 2 h, aunque es a partir del día siguiente cuando la cebolla esté en su punto perfecto.

Si la mantienes refrigerada y bien cerrada, la cebolla te aguantará un par de semanas.

Bizcochos de soletilla

INGREDIENTES

3 huevos
50 g de endulzante
40 g de harina de avena, de trigo sarraceno o sorgo
30 g de almidón de yuca
5 g de levadura química
¼ de cucharadita de goma xantana

PASO A PASO

Separa las claras de las yemas y bate estas con el endulzante hasta que blanqueen. En otro bol, monta las claras a punto de nieve.

Agrega las claras a la mezcla de las yemas, tamiza el resto de ingredientes e intégralos al bol con movimientos envolventes. Es importante que no pase mucho tiempo desde que integras las claras con las yemas a añadir los secos porque si empieza a separarse la clara y dejar un poso líquido, la mezcla no quedará suficientemente espesa.

Pasa a una manga, haz unas líneas gruesas sobre papel de horno y hornea a 160 °C durante 15 min.

Deja enfriar y utiliza directamente o reserva en un táper bien cerrado hasta su uso.

Puedes utilizar almidón de patata o maicena en vez de yuca.

Ricota

INGREDIENTES

1 l de leche
30 g de vinagre

PASO A PASO
Calienta la leche sin que hierva, retira del fuego y añade el vinagre.

Remueve y deja que repose durante 15 min.

Escurre bien con una tela de cocina y envasa en un tarro o táper.

Labneh

INGREDIENTES

500 g de yogur natural (mejor si es griego, rinde más)
Sal

PASO A PASO
Mezcla el yogur con una pizca de sal y ponlo sobre un colador cubierto con una tela de cocina.

Coloca el colador encima de un bol para que vaya escurriendo poco a poco el yogur. Tapa con film y refrigera durante 24 h.

Retira el labneh de la tela y envasa en un tarro o táper.

Mascarpone

INGREDIENTES

1 l de nata para montar
60 g de zumo de limón

PASO A PASO
Mezcla la nata con el zumo de limón y ponlo sobre un colador cubierto con una tela de cocina. Verás cómo en unos instantes empieza a espesar.

Coloca el colador encima de un bol para que vaya escurriendo poco a poco el queso. Tapa con film y refrigera 1 día entero. Retira el mascarpone de la tela y envasa en un tarro o táper.

Queso crema

INGREDIENTES

1 l de leche
40 g de zumo de limón

PASO A PASO
Calienta la leche en un cazo sin que llegue a hervir, retira del fuego y añade el zumo de limón. Remueve y deja reposar 30 min.

Escurre bien con una tela de cocina durante otros 30 min y envasa en un tarro o táper.

S L A

S

S

A

Pesto

INGREDIENTES

50 g de almendras tostadas
30 g de queso pecorino, grana padano o parmesano
20 g de hojas de albahaca fresca
80 g de aceite de oliva virgen extra
Sal

PASO A PASO

Tritura todos los ingredientes hasta que obtengas la consistencia deseada. Ajusta de sal y la textura con más o menos AOVE. Puedes sustituir las almendras por anacardos o piñones, y para una versión vegana, en vez de queso usa 1 cucharada de levadura nutricional.

Lo puedes utilizar para la ensalada de burrata (pág. 167), para el provolone (pág. 219), o para los gofres de patata y boniato (pág. 95). En general para aliñar tomates, carnes, pescados y verduras.

Chimichurri

INGREDIENTES

1 cabeza de ajos
1 hoja de laurel
100 g de perejil fresco
40 g de vinagre de Jerez o de vino
10 g de orégano seco
250 g de aceite de oliva virgen extra
1 g de sal

PASO A PASO

Pica a cuchillo la cabeza de ajos, el laurel, el perejil y el orégano, no los tritures, y mezcla con el AOVE, el vinagre y la sal.

Perfecta para barbacoas, para acompañar carnes (pág. 159), pescados y verduras, preferiblemente asadas.

Ajonesa

INGREDIENTES

3 claras de huevo o 100 g de clara pasteurizada
1 cabeza de ajos asada con piel
Zumo de limón
Sal

PASO A PASO

Retira la piel de los ajos y tritura con las claras, un chorrito de zumo de limón y sal.

Ideal para la merluza (pág. 145), pero funciona muy bien con otros pescados, carnes y verduras asadas.

Alioli

INGREDIENTES

2 dientes de ajo
1 yema de huevo fresco
100 g de aceite de oliva virgen extra (es orientativo)
Sal

PASO A PASO

Quita la hebra a los dientes de ajo, pásalos a un mortero, añade sal y machaca hasta conseguir una pasta.

Agrega la yema y poco a poco el AOVE para que vaya emulsionando y cogiendo volumen. La cantidad de aceite es orientativa.

Lo puedes utilizar para carnes y verduras como la xulla (pág. 253), pescados, arroces de pescado, asados en general, etc.

César

INGREDIENTES

2 filetes de anchoa
1 huevo cocido
1 diente de ajo
1 cucharadita de mostaza
Zumo de limón
Sal y pimienta

PASO A PASO
Mezcla los filetes de anchoa, el huevo cocido, el diente de ajo sin hebra, la mostaza, un chorrito de zumo de limón, sal y pimienta.

Para la ensalada que lleva su nombre (pág. 139) y otras, y para acompañar verduras, carnes y pescados.

Ranchera

INGREDIENTES

100 g de yogur griego
100 g de queso crema
15 g de alcaparras picadas
5 g de cebollino fresco picado
1 cucharadita de mostaza
½ cucharadita de orégano seco
½ cucharadita de eneldo fresco
Sal

PASO A PASO
Mezcla todos los ingredientes en un bol y ajusta de sal.

Úsala para acompañar falafeles thai (pág. 209), nuggets, carnes, pescados y verduras.

Mayonesa con huevo fresco

INGREDIENTES

1 huevo fresco
5 g de limón
125 g de aceite de oliva virgen extra
Sal y pimienta

PASO A PASO

Casca el huevo en un vaso de batir junto con el AOVE y el limón y bate con la batidora de mano hasta que obtengas una consistencia de mayonesa. Ajusta de sal y pimienta.

Mayonesa con huevo cocido

INGREDIENTES

2 huevos frescos
40 g de agua
5 g de limón
20 g de aceite de oliva virgen extra
Sal y pimienta

PASO A PASO

Cuece los huevos en agua durante unos 10 min aproximadamente. Deja que se enfríen, pela y bátelos con el limón y el AOVE hasta que la salsa emulsione. Ajusta de sal y pimienta y añade agua si fuera necesario para que la mayonesa se aligere un poco.

Ambas las puedes usar para el sándwich crispy chicken de lechuga (pág. 229), para preparar mayonesas de sabores, para bases de otras salsas, ensaladilla rusa, hamburguesas, tubérculos, verduras, etc.

Mayostaza

INGREDIENTES

100 g de mayonesa
10 g de mostaza de Dijon

PASO A PASO
Mezcla la mayonesa y la mostaza hasta que obtengas una consistencia homogénea.

Úsala para carnes, pescados y hamburguesas.

Mayosriracha

INGREDIENTES

100 g de mayonesa
30 g de sriracha

PASO A PASO
Mezcla en un bol la mayonesa y la salsa sriracha hasta que consigas una mezcla homogénea.

Sirve para acompañar flores de alcachofa, carnes, pescados, como el bacalao gratinado (pág. 161) y verduras.

Tzatziki

INGREDIENTES

1 pepino mediano
200 g de yogur griego o vegetal
10 g de zumo de limón
5 g de cilantro fresco
2 g de hierbabuena fresca
¼ de cucharadita de comino seco
¼ de cucharadita de ajo en polvo
Sal y ¼ de cucharadita de pimienta

PASO A PASO

Ralla el pepino, escurre bien y retira el agua o reserva para preparar una vinagreta de pepino o un gazpacho.

Pica el cilantro y la hierbabuena, y mézclalos con el pepino rallado, el yogur, el zumo de limón, las especias y una pizca de sal.

Perfecta para acompañar las crudités (pág. 115), falafeles thai (pág. 209) o pescados.

Romesco

INGREDIENTES

6 dientes de ajo
200 g de tomates de pera o cherry
100 g de cebolla
75 g de almendras tostadas
50 g de vinagre de vino
30 g de carne de pimiento choricero o de ñora
10 g de aceite de oliva virgen extra
3 g de sal y 2 g de pimienta

PASO A PASO

Impregna con la sal, la pimienta y el AOVE los tomates, los ajos con piel y la cebolla también con piel, y hornea a 200 °C durante 40 min.

Una vez horneado todo, retira la piel de los ajos y la cebolla. Añade el resto de ingredientes y tritura hasta que obtengas una crema homogénea.

Aunque el romesco va muy bien con carnes y pescados, es una salsa ideal para verduras asadas. Puedes utilizarla en el pollo lento con verduras (pág. 251) y en las crudités (pág. 115).

Barbacoa

INGREDIENTES

400 g de tomate triturado
100 g de cebolla caramelizada (pág. 60)
10 g de salsa de soja
½ cucharadita de pimentón
1 cucharadita de sal ahumada y ½ cucharadita de pimienta

PASO A PASO

Tritura todos los ingredientes y cocina en una olla a fuego medio durante 30 min.

Está riquísima para acompañar pescados, alitas (pág. 189), hamburguesas, etc.

Perfecta

INGREDIENTES

½ l de caldo de carne, de huesos o de pescado
100 g de nata para cocinar

PASO A PASO

Reduce el caldo en el fuego hasta que quede un 10 % de la cantidad inicial. Añade la nata, mezcla y cocina otros 5 min con un hervor suave.

Riquísima tanto para carnes, pescados como para vegetales.

Boscaiola

INGREDIENTES

200 g de nata para cocinar
100 g de champiñones
½ cebolla
½ diente de ajo
Aceite de oliva virgen extra
Sal y pimienta

PASO A PASO

Pica la cebolla y el ajo y lamina los champiñones muy finos.

Añade un poco de AOVE a la sartén y cuando esté caliente sofríe el ajo unos segundos hasta que empiece a dorarse. Agrega entonces la cebolla y cocina hasta que esté transparente. En ese momento incorpora los champiñones. Cuando estén cocinados, vierte la nata, salpimienta y deja que reduzca unos minutos.

Salsa ideal para carnes, pescados, pasta o dar sabor a rellenos u otras preparaciones. La puedes utilizar en la galette (pág. 93), en los canelones de carrilleras (pág. 267), y en los ñoquis caseros (pág. 275).

Holandesa

INGREDIENTES

3 yemas de huevo
200 g de mantequilla clarificada
50 g de agua
Zumo de ½ limón
Sal y pimienta

PASO A PASO

En un cazo, monta las yemas con el agua a fuego suave, batiendo con unas varillas. Incorpora la mantequilla clarificada poco a poco, agrega el zumo de limón y salpimienta al gusto.

Es una salsa muy versátil con la que puedes acompañar espárragos, pescados como el salmón o unos huevos benedict (pág. 97).

Bechamel de yuca

INGREDIENTES

800 g de leche
50 g de almidón de yuca
50 g de mantequilla
Sal y pimienta

PASO A PASO

Funde la mantequilla en una sartén o cazo. Una vez fundida agrega el almidón y mezcla mientras cocinas hasta que cambie de color y empiece a verse tostado.

Vierte un poco de leche y mezcla. No te preocupes porque se formen grumos. Incorpora el resto de la leche, tritura y cocina sin dejar de remover hasta que comience a espesar. Ajusta de sal y pimienta.

Para hacer canelones (pág. 267), lasañas (pág. 205) o aportar cremosidad a los rellenos.

Mayonesa de gambones

INGREDIENTES

2 huevos duros
100 g de salsa de gambones
30 g de aceite de oliva virgen extra

PASO A PASO

Tritura los tres ingredientes hasta que consigas una mayonesa homogénea.

Guacamole

INGREDIENTES

2 aguacates
1 lima
30 g de tomates de pera o cherry
Cilantro fresco
Picante al gusto (opcional)
Aceite de oliva virgen extra
Sal y pimienta

PASO A PASO

Tritura o machaca en un mortero para dejarlo más rústico los aguacates con los tomates picados, un puñado de cilantro también picado, picante al gusto, un chorro de zumo de lima, AOVE, sal y pimienta.

Genial para acompañar las crudités (pág. 115), nachos, tacos o dipear en general.

Aceite picante

INGREDIENTES

Aceite suficiente para llenar un tarro o una botella
Guindillas y pimientas al gusto
Hierbas secas o frescas (como romero, salvia o albahaca)

PASO A PASO

Limpia y seca muy bien las guindillas, las hierbas y las especias. Añádelas a un tarro o botella esterilizados junto con el aceite.

Cierra y conserva en un lugar fresco durante 30 días. Pásalo si quieres a una aceitera para usar con mayor facilidad.

Si te gusta el picante, puedes echárselo prácticamente a cualquier plato, pero te recomiendo que lo utilices en los huevos con puerros, espinacas y queso feta.

Sriracha

INGREDIENTES

3 dientes de ajo
80 g de carne de pimiento choricero
20 g de vinagre de vino
½ cucharadita de pimienta cayena

PASO A PASO

Tritura todos los ingredientes y cocina en un cazo durante 10 min con un hervor suave para que reduzca.

Clásica de tomate

INGREDIENTES

400 g de tomate rallado o triturado
3 hojas de albahaca fresca
¼ de cucharadita de bicarbonato
Aceite de oliva virgen extra
Sal

PASO A PASO

Pon en un cazo el tomate rallado con las hojas de albahaca picadas, el bicarbonato, un chorro de AOVE y ajusta de sal. Tapa y deja que reduzca en el fuego. Remueve de vez en cuando.

Perfecta para pizzas (pág. 171 y 207) y para galletas de pizza (pág. 123), rape con tomate (pág. 225), tartaletas de patata (pág. 131) y provolone (pág. 219).

De tomate con burrata

INGREDIENTES

200 g de salsa de tomate (receta anterior)
100 g de burrata
2 hojas de albahaca fresca
Sal

PASO A PASO

Tritura el tomate, la burrata y unas hojas de albahaca hasta que obtengas una mezcla homogénea. Ajusta de sal.

Es una salsa ideal para pasta, aunque también va bien con vegetales e incluso se puede tomar como sopa caliente.

De tomate crudo

INGREDIENTES

150 g de tomates pelados (cuanto mejor sea el tomate, más bueno saldrá, pero esto depende de la época del año y de dónde vivas)
1 diente de ajo
5 g de cebollino fresco
1 cucharada de vinagre de Jerez o de manzana
1 cucharadita de ralladura de limón
15 g de aceite de oliva virgen extra
Sal

PASO A PASO

Pica los tomates. Puedes quitarles las semillas si quieres, aunque yo las dejo porque dan un sabor muy bueno. Luego escurre bien.

Pela el diente de ajo, córtalo por la mitad y quita la hebra interior, que es lo que hace que sea indigesto. Pícalo bien y pasa a un bol.

Pica el cebollino y añádelo al bol junto con el resto de ingredientes que faltan, incluidos los tomates.

Para hummus (pág. 117), tartaletas, pizzas frías y ensaladas.

De pepinillos

INGREDIENTES

1 yogur griego
2 pepinillos
1 cucharada grande de mostaza
Sal y pimienta

PASO A PASO
Mezcla en un bol el yogur con los pepinillos picados, la mostaza y ajusta de sal y pimienta.

Para hamburguesas, pollo y sándwiches (pág. 229), etc.

Tahini

INGREDIENTES

50 g de yogur
20 g de tahini
5 g de zumo de limón

PASO A PASO
Mezcla todos los ingredientes y añade a un biberón.

Para acompañar carnes, pescados, como el rape con tomate (pág. 225), y verduras.

Boloñesa

INGREDIENTES

600 g de carne picada
400 g de tomate triturado
100 g de zanahoria
100 g de champiñones
50 g de pimiento rojo
50 g de mosto o vino tinto
2 hojas de laurel
2 hojas de albahaca fresca
1 cebolla mediana
¼ de cucharadita de bicarbonato
½ cucharadita de tomillo seco
½ cucharadita de orégano seco
Aceite de oliva virgen extra
Sal y pimienta

PASO A PASO

Pon un chorro de AOVE en la sartén bien caliente y añade la carne. Deja que se marque sin tocarla. Dale la vuelta y cocina por la otra parte, aprovechando para romperla un poco. Retira.

Cocina la cebolla hasta que esté en su punto, pero sin que llegue a tostarse. Incorpora entonces la zanahoria y el pimiento picados y cocina. Cuando estén blandos, agrega los champiñones también picados y deja que reduzca el líquido que sueltan. Salpimienta e incorpora las hierbas y las especias, salvo la albahaca.

Vierte el vino y espera a que se evapore antes de introducir el tomate, la albahaca picada y el bicarbonato. Mezcla y deja que reduzca a fuego medio, removiendo de vez en cuando con la sartén tapada.

Para lasañas (pág. 205), pizzas, empanadas, rellenos de vegetales como patatas o pimientos, fajitas, muffins (pág. 125), etc.

Vinagreta de jengibre

INGREDIENTES

15 g de zumo de limón
¼ de cucharadita jengibre en polvo
15 g de aceite de oliva virgen extra
Sal y pimienta

PASO A PASO

Con unas varillas, bate todos los ingredientes en un bol o emulsiona en un tarro con tapa.

Para preparar la berenjena asada con ricota (pág. 273) e ideal para ensaladas como la de ventresca (pág. 221).

Vinagreta de naranja

INGREDIENTES

15 g de zumo de naranja
5 g de vinagre
Cayena en polvo
15 g de aceite de oliva virgen extra
Sal y pimienta

PASO A PASO

Bate el vinagre con unas varillas o emulsiona en un tarro con tapa el zumo de naranja con una pizca de cayena, sal, pimienta y el AOVE.

Ideal para la ensalada de rúcula, aceitunas y piñones (pág. 245).

Vinagreta de lima y cacahuete

INGREDIENTES

15 g de manteca de cacahuete
10 g de zumo de lima
10 g de aceite de oliva virgen extra
Sal y pimienta

PASO A PASO

Emulsiona todos los ingredientes batiendo en un tarro con tapa o con unas varillas en un bol.

Con esta vinagreta puedes aliñar multitud de ensaladas, entre ellas, la cowboy (pág. 187).

BRU
NO

UN DESAYUNO INCREÍBLE

Trío de batidos

PARA 6

INGREDIENTES

Chocobanana

2 plátanos
1 manzana o pera
250 g de leche
100 g de queso cottage
2 cucharaditas de cacao puro en polvo
1 cucharadita de manteca de avellanas (u otro fruto seco)
3 hielos (si lo quieres frío)

Yellow Sun

2 albaricoques (o 1 nectarina)
1 mango
250 g de leche
100 g de skyr
Jengibre
Cúrcuma
3 hielos (si lo quieres frío)

Forest shake

1 plátano
200 g de frutos rojos variados (arándanos, frambuesas, moras, cerezas...)
200 g de leche
100 g de fresas
100 g de queso crema (pág. 63)
Cardamomo
3 hielos (o que los frutos rojos sean congelados si lo quieres muy frío)

Cuando vienes de hacer deporte, muchas veces no tienes ni tiempo ni ganas de comer algo sólido, por lo que la mejor opción, en especial si hace calor, es un batido. Aquí te traigo tres de mis favoritos, aunque puedes inventar tus propias recetas. Lo que hago es partir de unas premisas: introduzco mucha fruta, que hidrata y aporta vitaminas y antioxidantes; añado proteínas en forma de lácteos —aunque podrías agregar proteína en polvo si usas habitualmente—; algunas de las frutas deben ser altas en hidratos de carbono, sobre todo si el entrenamiento ha sido intenso; le doy toques de sabor y algo de grasa saludable; si no tienes alguno de los ingredientes que te propongo, puedes sustituirlo sin problema por otro del mismo color, ya que, además de ser más agradable a la vista, suele dar un sabor muy agradable también; y, por último, si no tomas lácteos, puedes reemplazarlos por alternativas vegetales.

PASO A PASO

Corta en trozos y de un tamaño similar toda la fruta.

Añade los ingredientes de cada batido a la batidora. Tritura hasta que no queden grumos, trozos de fruta o de hielo.

Si no vas a tomarlo al momento, refrigéralo.

TIPS

Si haces más cantidad o te sobra, mete en moldes de helado y congela para tener polos en cualquier momento.

Donaffins de boniato con caramelo de anacardos

PARA 3

INGREDIENTES

Bizcochos
4 huevos
200 g de boniato crudo cortado
150 g de dátiles sin hueso
150 g de anacardos
16 g de polvo de hornear
10 g de vainilla en polvo
½ cucharadita de canela en polvo
¼ de cucharadita de jengibre en polvo
Sal

Caramelo de anacardos
75 g de manteca de anacardo
60 g de dátiles sin hueso
45 g del agua del remojo
Sal

Copete
250 g de nata para montar muy fría
1 cucharadita de endulzante (opcional)
Anacardos o almendras tostadas picadas

Es un muffin y una dona en uno, lo que da como resultado un bizcochito con un relleno en el centro que, coronado con la suavidad del copete, hace que el resultado sea brutal.

PASO A PASO

Para los bizcochos, hidrata los dátiles en agua caliente durante 10 min. Una vez hidratados, escúrrelos y tritúralos junto con el boniato cortado en trozos pequeños, los anacardos, los huevos, el polvo de hornear, la canela, el jengibre, la vainilla y una pizca de sal. Pasa todo a unos moldes de donas ligeramente engrasados y hornea durante 20 min a 180 °C. Desmolda cuando estén fríos y reserva de momento.

Hidrata también los dátiles para hacer el caramelo durante 10 min y reserva el agua del remojo. Cuando haya pasado el tiempo, tritura la manteca de anacardo, los dátiles hidratados y escurridos, una pizca de sal y 45 g del agua del remojo. Pasa a una manga y rellena los huecos de las donas.

Aparte, monta la nata con la cucharadita de endulzante. Tiene que quedar consistente. Reparte una bola sobre cada muffin y decora con almendras o anacardos tostados y picados.

TIPS

Yo he utilizado un molde tipo savarin, que tiene un agujero central, pero no completo.

Si no tienes molde de donas con el agujero tapado, haz el caramelo con la mitad de agua para que sea más consistente y así no caiga por el agujero; y si no tienes de ninguno de los dos, puedes usar de muffin y hacerle tú un agujero.

Financieros de frambuesa

PARA 3

INGREDIENTES

12 frambuesas
4 claras de huevo
120 g de harina de almendras o almendras trituradas
20 g de almidón de patata, yuca o maicena
80 g de mantequilla fundida
70 g de endulzante
10 g de miel

Partimos de la base de un dulce francés basado en un bizcochito de almendras relleno de frambuesas para que quede aún más brutal. Hay un molde específico para este postre, pero yo hago minimagdalenas. Puedes usar el que tengas en casa sin problema.

PASO A PASO

Bate todos los ingredientes, salvo las frambuesas, con unas varillas hasta que obtengas una masa homogénea. La miel te dará ese sabor característico de los financieros.

Reparte en moldes de silicona platino de minimagdalenas ligeramente engrasados y coloca en el centro una frambuesa de forma que quede cubierta. Puedes experimentar también con moras o arándanos.

Hornea a 180 °C unos 18 min. Ten en cuenta que en moldes más planos puede ser menos tiempo y en moldes más grandes puedes necesitar más. Comprueba que están cocinados antes de sacarlos del horno.

TIPS

Para un mejor resultado, lo ideal es dejar la masa reposando unas horas antes de pasar a los moldes. Esto hará que las almendras se hidraten y el resultado será más jugoso.

Puedes prescindir de las frambuesas, pero en este caso se cocinarán en menos tiempo, ya que estas les aporta mucha humedad y retrasa la cocción.

El endulzante puede ser eritritol, pasta de dátil o el que uses habitualmente.

Galette a la boscaiola

PARA
1

INGREDIENTES

1 crepe de yuca (pág. 54)
1 huevo
50 g de mozzarella rallada
40 g de boscaiola (pág. 74)
15 g de piñones
Cebollino fresco
Escamas de pimentón
Sal negra en escamas y pimienta

Es una crepe cerrada en cuadrado con un relleno en el interior que la hace supercremosa y con un sabor que te va a enamorar. Si quieres triunfar, olvida el resto de platos y haz este. ¡Vas a quedar como una estrella!

PASO A PASO

Cocina el huevo a la plancha y reserva.

Coloca una crepe sobre una sartén precalentada, calienta por un lado y dale la vuelta.

Reparte el queso en la zona externa de la crepe y dispón en el centro la salsa boscaiola.

Añade el huevo y cierra los extremos de la crepe de forma que te quede un cuadrado.

Tuesta ligeramente los piñones en la sartén y disponlos sobre el huevo. Acaba con pimienta recién molida, sal negra, escamas de pimentón y cebollino picado.

TIPS

Si no estás familiarizado con esta receta, cuando le des la vuelta a la crepe y estés haciendo el montaje, apaga el fuego para que no se tueste en exceso la parte inferior de la galette. Al hacer el montaje en más tiempo de lo habitual puede tostarse en exceso.

Gofres de patata y boniato

PARA 2

INGREDIENTES

Gofres
4 huevos
240 g de patatas
100 g de boniato
60 g de cebolla
Aceite de oliva virgen extra
Sal

Toppings
1 burrata
1 aguacate
½ diente de ajo
150 g de tomate rallado
80 g de jamón ibérico
40 g de pesto (pág. 66)
20 g de pistachos pelados
Escamas de pimentón
Aceite de oliva virgen extra
Sal y pimienta

Es un gofre hecho como una tortilla de patata que, en este caso, además de como tortilla, sirve como falsa tostada a la que le puedes añadir tus toppings preferidos. Puedes acompañar como más te guste, pero te cuento la forma de preparar como plato único o para compartir.

PASO A PASO

Corta las patatas y el boniato pequeñito y pica la cebolla. Dispón todo en un recipiente apto para el microondas y sazona con sal. Añade un buen chorro de AOVE y otro de agua, y cocina tapado durante 8 min a máxima potencia.

Mezcla luego con los huevos y cocina en la gofrera ligeramente engrasada hasta que los gofres se vean tostaditos.

Para los toppings, mezcla el tomate con el ajo bien picadito y sin la hebra interior con un chorrito de AOVE y un poco de sal. La hebra, si no está cocinada, hace que el ajo repita.

Coloca un par de gofres superpuestos en el plato y reparte por encima el tomate rallado. Incorpora el aguacate en láminas, luego el jamón y a continuación la burrata ligeramente abierta.

Agrega unas líneas de pesto sobre los ingredientes y espolvorea con pimienta recién molida, escamas de pimentón y pistachos picados.

TIPS

Las patatas, boniato y cebolla las puedes cocinar también al horno o en la air fryer, durante unos 15 min a 190 °C hasta que esté todo tostadito.

Ajusta la cantidad de burrata al hambre que tengas.

Huevos benedict

PARA
2

INGREDIENTES

2 huevos
2 panes para tostada
2 aguacates
120 g de queso labneh, ricota o mascarpone (pág. 63)
100 g de holandesa (pág. 74)
90 g de salmón ahumado
40 g de cebolla encurtida (pág. 60)
Eneldo fresco
Escamas de pimentón
Escamas de sal

Una de las tostadas más queridas y a la vez de las que menos se atreve la gente a preparar en casa. Seguramente, cuando le pierdas el miedo a la salsa holandesa, verás que no puedes estar sin ella.

PASO A PASO

Prepara la salsa holandesa y pocha los huevos. Aparte, tuesta el pan en la tostadora, el horno, la air fryer o la plancha.

Reparte el queso sobre la tostada y sobre él dispón el aguacate laminado y el salmón, dejando un hueco para colocar el huevo. Reparte la cebolla encurtida alrededor.

Añade la salsa holandesa cubriendo el huevo y decora con eneldo, escamas de sal y de pimentón.

TIPS

La salsa holandesa te dará para 4-5 raciones, para una sola persona es mejor hacer un tercio de la receta, ya que esta salsa no se puede conservar porque se corta.

Revuelto trufado de setas y espárragos

PARA 2

INGREDIENTES

4 huevos
1 chalota o ½ cebolla
1 diente de ajo
1 manojo de espárragos
1 puñado de espinacas
150 g de setas variadas
Cebollino fresco
Aceite de trufa o trufa rallada
Aceite de oliva virgen extra
Sal

Es un plato muy sencillo con un sabor espectacular a otoño que, aunque no estés en esta estación, te transportará allí.

PASO A PASO
Pica el diente de ajo y trocea la chalota bien pequeñita.

Añade un poco de AOVE a una sartén y cuando el aceite esté caliente, dora el ajo unos instantes sin que llegue a quemarse. Agrega la cebolla y mientras se cocina quita la parte dura de los espárragos y córtalos en trozos de 1 cm aproximadamente. Incorpóralos a la sartén junto con las setas.

Cuando las setas y los espárragos estén su punto, añade las espinacas y deja que reduzcan. Casca los huevos y cocina a la vez que mezclas hasta que empiecen a verse cuajados. Ajusta de sal en este momento.

Ya en el plato, acaba con un poco de aceite de trufa o trufa rallada y decora con cebollino picado por encima.

TIPS
Si te gusta el huevo muy hecho, cocina hasta que cuaje por completo, pero te aconsejo que pares mucho antes para conseguir un resultado más cremoso.

En cuanto a las setas, si no encuentras de temporada, en muchos supermercados hay combinados de setas congeladas o en conserva.

Porridge

PARA
1

INGREDIENTES

Porridge
½ plátano
200 g de leche o bebida vegetal
40 g de copos de avena
1 cucharadita de vainilla en polvo
¼ de cucharadita de canela en polvo

Toppings
½ plátano laminado
Fresas
Mango
Manteca de frutos secos
Frutos secos picados

¡El desayuno calentito por excelencia! Básicamente, son unas gachas de avena a las que le darás sabor con tus toppings preferidos.

PASO A PASO

Machaca el plátano, añádelo a un cazo con el resto de los ingredientes del porridge y cocina unos minutos sin dejar de remover hasta que empiece a espesar.

Pasa al bol donde lo vayas a servir y agrega los toppings que hayas elegido, acabando con líneas de la manteca de frutos secos.

TIPS

También puedes hacer la versión fría, dejando la mezcla en remojo de un día para otro en la nevera.

Con almendras tostadas, pistachos, nueces, arándanos, frambuesas... ¡Añadiendo tus ingredientes favoritos quedará muy rico y vistoso!

Huevos revueltos

PARA
1

INGREDIENTES

2 huevos
3 o 4 tomates cherry
1 rebanada de pan
1 diente de ajo
½ limón
½ aguacate
30 g de queso crema (pag. 63)
Pimentón en escamas
1 cucharada de mantequilla o de aceite de oliva virgen extra
Sal y pimienta

Scrambled eggs o huevos revueltos ¡extra jugosos! Aquí hay dos claves: la primera es añadir grasa en forma de mantequilla o aceite y un poco de queso; y la segunda es cocinar lo justo y necesario. Verás que vienen casi desnudos, sin mucha parafernalia, pero es que no hay nada mejor que unos buenos huevos revueltos ajustados en su punto de sal y un buen chorro de AOVE.

PASO A PASO

Mezcla los huevos con el queso crema en un bol. No hace falta que esté todo bien batido ni integrado.

Añade la mantequilla o el aceite a la sartén y precalienta a fuego medio. Agrega los huevos y cocina sin dejar de remover hasta que estén cuajados, pero aún se vean cremosos.

Corta el ajo y refriega por la rebanada de pan para aromatizarlo. Machaca el aguacate, añade unas gotas de zumo de limón y reparte sobre la tostada. Dispón encima los huevos revueltos, coloca luego los cherry cortados en cuartos y sazona con sal, pimienta recién molida y termina con unas gotas de AOVE y pimentón en escamas.

TIPS

La clave está en el punto de cocción de los huevos. ¡No te pases!

Puedes sustituir la mantequilla también por ghee, que es mantequilla clarificada y que se utiliza mucho en la cocina de la India.

Si no tienes queso crema en la nevera, utiliza mascarpone, requesón, mozzarella, etc.

Smoothie bowl

PARA 3

INGREDIENTES

De mango y melocotón
150 g de mango troceado y congelado
150 g de melocotón troceado y congelado
1 cucharadita de ralladura de lima

De plátano y fresas
100 g de plátano congelado
150 g de fresas congeladas
¼ de cucharadita de canela en polvo

De frutos rojos y yogur
200 g de frutos rojos variados congelados
70 g de yogur griego
30 g de leche

Toppings
Fruta fresca
Frutos secos
Galletas rotas y/o granola

Es como un helado cremoso a base de fruta que acepta también lácteos y que aporta sabor, cremosidad y proteínas. Puedes prepararlo solo con una de las opciones que te presento, con varias o con las que a ti se te ocurran.

PASO A PASO
Con una picadora de aspas largas, tritura cada una de las mezclas y luego pasa los batidos a los vasos donde los vayas a servir. Decora con tus toppings preferidos y listos para tomar. En menos de 10 min los tendrás preparados.

TIPS
Ten siempre fruta congelada en bolsas o tápers y podrás disfrutar de estos smoothies en cuestión de minutos.

Tosta de melocotón asado, labneh y jamón

PARA 1

INGREDIENTES

1 pan de tosta
1 melocotón
50 g de labneh u otro queso cremoso (págs. 62-63)
40 g de jamón ibérico
10 g de rúcula
Escamas de pimentón
Aceite de oliva virgen extra
Escamas de sal y pimienta

Una tostada con un contraste genial de sabores. Con el melocotón y el jamón, y con la suavidad del labneh, el resultado es brutal.

PASO A PASO

Corta el melocotón en gajos finos y repártelos en una bandeja forrada con papel de horno. Añade por encima un chorrito de AOVE, sal y pimienta, y ásalos a 200 °C durante 10 min.

Tuesta el pan en la tostadora y riega con un buen chorro de AOVE. Coloca encima la rúcula, los gajos de melocotón asado y el jamón, y distribuye el labneh en pedacitos. Acaba con pimienta recién molida, escamas de pimentón, de sal y unas gotas de AOVE.

TIPS

En vez de asar el melocotón en el horno, lo puedes hacer también a la plancha o en la air fryer.

Tortitas de plátano

PARA
3

INGREDIENTES

Tortitas
1 huevo
120 g de plátano
20 g de harina de trigo sarraceno
10 g de almidón de yuca
20 g de mantequilla
1 cucharadita de polvo de hornear
¼ de cucharadita de vainilla en polvo

Toppings
60 g de nata para montar
40 g de chocolate puro picado
1 cucharada de chocolate fundido
Fresas
Frutos secos picados

¡La estrella de los desayunos instagrameables! Pero aquí consigues lo más importante: que te queden con una textura genial y estén brutales. ¡¡Apunta!!

PASO A PASO
Tritura los ingredientes de las tortitas hasta que todo esté integrado y obtengas una masa cremosa y homogénea.

Añade un par de cucharadas de la mezcla en una sartén o plancha engrasada y deja que cuaje por una cara. Dale la vuelta con cuidado y cocina unos instantes más por la otra. Cuando la tortita tenga un bonito color dorado, resérvala en un plato y continúa con el resto de la masa hasta acabar con la mezcla.

Calienta la nata y mezcla con el chocolate hasta que se disuelva. Reparte esta mezcla entre cada tortita y el resto sobre la última. Acompaña con las fresas y los frutos secos y haz unas líneas con la cucharada de chocolate fundido.

TIPS
Entre las tortitas puedes añadir mermelada casera o mezclar un poco de chocolate con nata caliente.

Para darle un toque crunchy, sírvelas con granola o frutos secos picados y para añadir suavidad al conjunto, le va genial un poco de nata montada, yogur o incluso helado.

Te animo a que les pongas tus frutas favoritas y a que hagas más cantidad y que congeles sin problema.

Tosta de hummus de remolacha con aguacate y feta

PARA
1

INGREDIENTES

Hummus
120 g de garbanzos cocidos
80 g de remolacha cocida
10 g de zumo de limón
10 g de tahini
15 g de agua
15 g de aceite de oliva virgen extra
Sal y pimienta

Tosta
1 pan de tosta
½ aguacate
15 g de queso feta
Cebollino fresco
Rúcula
Escamas de pimentón
Aceite de oliva virgen extra
Pimienta

Una tosta con mucho color y, sobre todo, con mucho sabor. ¡La forma perfecta de empezar el día con alegría!

PASO A PASO
Tritura los garbanzos junto con la remolacha cocida, el tahini y el agua. Prueba y ajusta el punto de sal, de pimienta y limón a tu gusto.

Tuesta el pan y reparte sobre él una capa generosa de hummus. Insisto, una capa bien gruesa.

Corta el aguacate en láminas y distribúyelas a lo largo de la tosta. Desmenuza el queso feta y disponlo por encima. Acaba con pimienta recién molida, escamas de pimentón, cebollino picado, un poco de rúcula y un chorrito de AOVE.

TIPS
El hummus que te sobre utilízalo para otros platos, por ejemplo, para dipear con crudités.

Puedes usar también remolacha natural.

UN PICOTEO PARA LLEVAR

Crudités con trío de salsas

PARA 2

INGREDIENTES

2 zanahorias
2 tallos de apio
1 calabacín
1 pepino
1 manojo de espárragos
Guacamole (pág. 76)
Romesco (pág. 72)
Tzatziki (pág. 72)

¡El dip perfecto! Para disfrutar dentro y fuera de casa y, sobre todo, para sorprender a tus invitados. Un plato frío que se puede preparar con mucha antelación y que con un pequeño truco queda genial.

PASO A PASO

Pela las zanahorias y, opcionalmente, las otras verduras. Pon agua a hervir en un cazo y ten preparado un bol con hielo y agua.

Corta las zanahorias, los tallos de apio, el calabacín y el pepino en bastones de un tamaño similar y a los espárragos quítales la parte dura inferior.

Añade de forma separada o conjunta las zanahorias, el apio, el calabacín y los espárragos al cazo con agua hirviendo y retira tras 1 min al bol con hielo.

Cuando estén fríos, seca bien y emplata. Acompaña con las tres salsas.

TIPS

Es clave hervir las verduras tan solo 1 min para conseguir que queden ligeramente tiernas, pero mantengan la firmeza, de lo contrario estarán muy blandas y será complicado dipear.

Superhummus

PARA
2

INGREDIENTES

200 g de garbanzos cocidos
200 g de tomates cherry
20 g de manteca de almendras
20 g de agua
10 g de zumo de limón
Orégano seco
Aceite de oliva virgen extra
Sal y pimienta

Estamos de acuerdo que el hummus es muy simple y muy top, pero te voy a dar las claves para convertirlo en un plato brutal.

PASO A PASO

Impregna los tomates cherry con sal, AOVE y orégano, y ásalos en la air fryer durante 15 min a 190 °C o en el horno a 200 °C unos 20 min.

Mientras, tritura el resto de ingredientes con 20 g de AOVE hasta que obtengas una crema sin grumos. Pasa el hummus al plato donde vayas a servirlo y sobre él coloca los tomates asados.

TIPS

Puedes usar garbanzos de bote, cocerlos tú mismo y convertirlos en brutales usando algunos de los fondos y caldos (págs. 55-59) o aprovechar los que te han sobrado de tu último cocido. ¡El punto de sabor te va a flipar!

Tortilla de patatas enrollada

PARA 6

INGREDIENTES

4 huevos
200 g de patatas
50 g de cebolla
50 g de jamón ibérico
50 g de queso curado
Aceite de oliva virgen extra
Sal

Nos salimos de la clásica tortilla buscando un punto más divertido y el extra de sabor que nos ofrece el jamón ibérico y el queso.

PASO A PASO

Corta las patatas en dados pequeños y pica la cebolla finamente. Impregna todo con AOVE y un poco de sal, y cocina en un recipiente hermético durante 10 min en el microondas a máxima potencia, añade también un chorrito de agua. Otra manera de hacerlo es en una bandeja forrada con un papel de horno y hornear 15 min a 200 °C.

Cuando las patatas y la cebolla estén hechas, mezcla con los huevos en un bol y coloca sobre un papel de horno ligeramente impregnado con AOVE. Hornea 10 min a 200 °C.

Nada más salir del horno, reparte el queso rallado y el jamón y enrolla antes de que se enfríe. Corta en rodajas del mismo grosor y clava un palillo en cada pieza.

TIPS

Puedes dejar la tortilla más cruda si lo prefieres. Aunque te aconsejo que como la vas a transportar y no siempre estará a la temperatura correcta, es más seguro cocinarla por completo.

Galletas de pizza

PARA 10

INGREDIENTES

120 g de agua
100 g de harina de garbanzos
50 g de salsa clásica de tomate (pág. 78)
1 cucharadita de orégano seco
Ajo en polvo
10 g de aceite de oliva virgen extra
Sal

Como unas galletitas crujientes con sabor a pizza que funcionan superbién como entrante, para llevar o como aperitivo en cualquier momento.

PASO A PASO

Mezcla la harina de garbanzos con el agua, un chorrito de AOVE y sal.

Sobre papel de horno, reparte cucharaditas de masa y con el dorso de la propia cuchara dales forma circular. Hornea 10 min a 200 °C.

Mezcla la salsa de tomate con 1 cucharadita de orégano seco y una pizca de ajo en polvo.

Saca del horno las galletas y añade sobre cada una 1 cucharadita de la mezcla de la salsa de tomate, pero como si las pintaras, la capa debe ser muy superficial.

Vuelve a hornear 10 min más hasta que se vean tostadas. Deja enfriar y a disfrutar.

TIPS

Esta masa te puede valer para preparar una masa de pizza grande y añadir tus toppings preferidos.

Fiesta de brochetas

PARA 1

INGREDIENTES

Banderillas
1 pepinillo cortado por la mitad
1 cebolla
1 trocito de pimiento
1 trocito de guindilla

Sandía y feta
2 trocitos de sandía
2 trocitos de queso feta
1 hoja de albahaca

Mango y aguacate
2 trocitos de mango
2 trocitos de aguacate
1 trocito de cebolla morada

Tomate y mozzarella
2 tomates cherry asados
2 bolas de mozzarella

Calabacín y salmón
2 láminas de calabacín
1 loncha pequeña de salmón

¡Nada más fácil y socorrido que unas brochetas! Aquí te traigo cinco opciones geniales y para todos los gustos. Puedes elegirlas todas o solo tus favoritas. También puedes probar con otras combinaciones, pero te aseguro que ninguna de estas te van a fallar.

PASO A PASO
Simplemente tienes que montarlas como ves en la imagen. Es importante prepararlas justo antes de comer o en caso contrario mantenerlas hidratadas o impregnar con alguna de las vinagretas (págs. 82 y 83) en el momento de servir.

TIPS
Las cantidades de los ingredientes son para una brocheta, haz tantas como personas seáis.

También puedes llevar los ingredientes y montarlas con los invitados. A los niños suele divertirl es mucho.

Muffins de boloñesa

PARA 6

INGREDIENTES

4 huevos
350 g de boloñesa (pág. 81)
50 g de leche
20 g de harina (es indiferente la que uses)
10 g de polvos de hornear
Cebollino freso
Aceite de oliva virgen extra
Sal y pimienta

Es un muffin o magdalena salada y lo que haremos será darle un toque aún más especial con un poco de boloñesa, ¡que le va genial!

PASO A PASO

Bate los huevos en un bol y mézclalos con la boloñesa, la leche, la harina, los polvos, un chorrito de AOVE y sazona con sal y pimienta al gusto. Vierte la masa en moldes de muffins y hornea durante 25 min a 180 °C.

Una vez cocinados, decora con cebollino picado o tus hierbas frescas preferidas.

TIPS

Es importante que compruebes el punto de cocción de los muffins, ya que en función de lo hidratada que esté la boloñesa ese exceso de líquido puede ralentizar el horneado.

Puedes añadir una cápsula de papel o engrasar el molde de los muffins.

Rosquilletas de calabaza y avena

PARA 10

INGREDIENTES

100 g de calabaza cocida
100 g de harina de avena
¼ de cucharadita de cúrcuma
¼ de cucharadita de orégano seco
15 g de aceite de oliva virgen extra
1 cucharadita de sal
¼ de cucharadita de pimienta

Unos palitos de pan crujiente, con un sabor genial, que sirven de aperitivo, para dipear o acompañar cualquier plato y, además, ¡son perfectos para llevar!

PASO A PASO

Tritura la calabaza cocida y mézclala con el resto de ingredientes. Cuando tengas una masa que no se pega en las manos, haz bolitas con ella y estíralas con un rodillo sobre un papel vegetal o una superficie enharinada, como si hicieras palos de plastilina. Para manipular las rosquilletas, impregna las manos con un poco de AOVE.

Cuando las tengas, forra una fuente o bandeja con papel de horno y pincela ligeramente con AOVE. Colócalas separadas y hornea unos 20 o 25 min a 200 °C o hasta que las veas doraditas. Espera que se enfríen completamente antes de tocarlas.

TIPS

Si la masa es muy pegajosa, deja reposar unos minutos. Por lo general, evita añadir más harina pues acabarán saliendo mal. Agrega solo un poco para que la masa no se te pegue a las manos.

Quiche lorraine sin harina

PARA 8

INGREDIENTES

Base
1 huevo
200 g de garbanzos cocidos
Aceite de oliva virgen extra
Sal y pimienta

Relleno
2 huevos
1 yema de huevo
150 g de nata para cocinar
150 g de leche
100 g de panceta ibérica
Sal y pimienta

Es la receta clásica que aprendí a hacer en Le Cordon Bleu, tan sabrosa y cremosa, pero sustituyendo la masa tradicional por una hecha con garbanzos, mucho más ligera y fácil de preparar.

PASO A PASO

Para la base, tritura los garbanzos, con el huevo, un chorro de AOVE, sal y pimienta, y reparte esta masa sobre un molde, formando primero las paredes y seguidamente cubriendo bien la base. Hornea durante 15 min a 180 °C.

Para el relleno, prepara por un lado la panceta. Corta en dados pequeños y cocínala en la sartén hasta que se tueste y pierda gran parte de su grasa. Luego, mezcla el resto de los ingredientes en un bol y añade al final la panceta tostada.

Vierte la mezcla anterior sobre la base del quiche y hornea unos 35 min a 145 °C. Tiene que quedar cuajada pero muy frágil, ya que terminará de hacerse del todo a medida que se enfría.

TIPS

Es clave el horneado. Aunque puedas pensar que el relleno debe quedar casi como una tortilla, el objetivo real es un flan, por lo que es importante no pasarte para conseguir una textura supercremosa.

En cuanto al molde, he usado uno de 18 cm de diámetro. Puedes usar uno de silicona o forrar con papel uno desmontable. De igual forma, ten en cuenta que es una masa más frágil que la tradicional.

Tartaletas de patata

PARA 18

INGREDIENTES

18 patatas de guarnición o pequeñas
120 g de salsa clásica de tomate (pág. 78)
120 g de queso rallado (puedes usar mozzarella o una combinación de tus quesos favoritos)
Aceite de oliva virgen extra
Sal y pimienta

En sí se trata de unas patatas a las que les hacemos un hueco para rellenar su interior, lo que da como resultado unas auténticas tartaletas.

PASO A PASO

Cocina las patatas. Puedes hacerlo colocándolas directamente en los moldes de muffins impregnados con AOVE y horneándolas durante 40 min a 200 °C o cociéndolas 15 min o hasta que claves el cuchillo y este salga solo.

Con las patatas en los moldes de muffins y con un mortero o un elemento que cubra las patatas, pero dejando hueco, presiona para que se forme un agujero en el centro y el resto de la patata se expanda hacia las paredes.

Rellena el hueco, alternando salsa de tomate y queso varias veces. Ajusta bien de sal y pimienta y hornea unos 10 min a 200 °C.

TIPS

Lo ideal es usar un molde metálico, ya que de esta forma al presionar el centro de la patata quedará ajustada a los laterales con forma de tartaleta.

Tarta de cumpleaños

PARA 16

INGREDIENTES

Bizcochos
6 huevos
450 g de boniato crudo y pelado
210 g de almendras picadas
180 g de dátiles sin hueso hidratados 10 min
150 g de anacardos
60 g de aceite de coco
18 g de polvo de hornear
9 g de esencia de vainilla
6 g de canela en polvo

Crema 1
200 g de manteca de frutos secos
80 g de dátiles sin hueso hidratados 10 min
80 g del agua del remojo de los dátiles

Crema 2
450 g de mascarpone (pág. 63)
400 g de nata de montar (mín. 35 % M. G.)
30 g de endulzante granulado
3 g de zumo de limón

Cobertura
100 g de leche de coco
50 g de dátiles sin hueso hidratados 10 min
40 g de manteca de frutos secos
Galletas caseras
Frutos rojos

Puedes adaptarla a los gustos de cada uno, por ejemplo, añadiendo crema de cacao para hacerla de chocolate.

PASO A PASO

Divide los ingredientes del bizcocho en seis partes para hacer seis bizcochos de 15 cm. Si aumentas a 20 cm, duplica las cantidades. También puedes hacer tres bizcochos más gruesos.

Tritura y divide la masa en el número de bizcochos que vayas a preparar. Pasa a un molde y hornea 18 min a 180 °C, con calor arriba y abajo sin aire. Si son más gruesos, hornea 25 min. Deja enfriar al menos unas horas o un día entero.

Tritura los ingredientes de la crema 1 y bate con unas varillas todos los de la crema 2.

Coloca un bizcocho en la base de un plato y cubre con la quinta parte de la crema 1 y con la sexta parte de la crema 2. Coloca otro bizcocho encima y repite el proceso con todas las capas. Usa la sexta parte de crema sobrante para cubrir los laterales.

Para que la tarta quede recta, coloca un nivel cada vez que añadas un bizcocho. También puedes añadir cuatro pajitas (como si fueran pilares) y sobre ellas vas añadiendo cada bizcocho, así no se moverán los pisos y podrás transportarla sin que se desmorone.

Para la cobertura, tritura los dátiles con la leche de coco y la manteca de frutos secos y cubre el pastel. Decora con galletas rotas y un puñado de frutos rojos.

TIPS

Para una mayor consistencia, antes de añadir la cobertura cubre todo el pastel con film y refrigera unas horas o mejor hasta el día siguiente.

Tarta de pistachos con base de turrón y cobertura de caramelo salado

PARA 8 - 10

INGREDIENTES

Base

80 g de almendras tostadas
30 g de dátiles sin hueso hidratados 10 min en agua caliente
30 g de aceite de coco

Crema

350 g de mascarpone (pág. 63)
300 g de pistachos tostados
200 g de leche
100 g de nata para montar
90 g de dátiles sin hueso hidratados 10 min
5 g de esencia de vainilla (o 1 cucharadita polvo)
6 hojas de gelatina

Cobertura

50 g de dátiles sin hueso hidratados 10 min
40 g del agua del remojo de los dátiles
60 g de manteca de frutos secos
Sal

Era el cumple de mi cuñada y yo el encargado de llevar la tarta, pero la verdad es que no me daba tiempo a preparar la de cumple de este libro, así que improvisé algo con su ingrediente favorito, el pistacho, y la verdad es que éxito fue tal que la receta debía estar aquí sí o sí.

PASO A PASO

Para la base, tritura las almendras y seguidamente añade el resto de ingredientes. Tritura otra vez y pasa al molde, formando la base de forma uniforme. Reserva sin enfriar.

Hidrata las hojas de gelatina en agua fría, unos 10 min. Tritura los pistachos hasta casi obtener una crema. Si llegas a crema o partes de crema de pistachos, mejor. Añade el resto de ingredientes salvo la gelatina y 100 g de leche y tritura hasta que no te queden grumos.

Calienta los 100 g de leche que te quedan, incorpora la gelatina escurrida y mezcla hasta que se disuelva. Agrega a la preparación anterior y mezcla de nuevo. Pasa al molde y refrigera al menos 4 horas. Si quieres acortar tiempos, la puedes meter un par de horas en el congelador o aumentar un poco la cantidad de gelatina.

Para la cobertura, tritura los dátiles hidratados con 40 g del agua del remojo, la manteca y una pizca de sal hasta que obtengas una crema espesa. Reparte sobre el pastel y acaba con pistachos picados por encima.

TIPS

He utilizado un molde de 18 cm de diámetro, pero uno de 20 también valdría, aunque las capas quedarían más finas. Si utilizas uno de 24 cm tendrías que doblar las cantidades.

UNA COMIDA
CON TUS

DR

PA

ES

Ensalada César

PARA 4

INGREDIENTES

1 pechuga de pollo
50 g de lechuga
40 g de pasas sin hueso
30 g de almendras tostadas
2 tomates maduros
1 aguacate
1 boniato
½ cebolleta o cebolla dulce
Salsa César (pág. 69)
Aceite de oliva virgen extra
Sal

Una ensalada con mucho sabor y muy completa. Tiene mil versiones, pero si la preparas como te enseño, se va a convertir en una de tus favoritas.

PASO A PASO

Corta el boniato en dados, imprégnalos con AOVE y cocínalos en la air fryer durante 15 min a 190 °C o a 200 °C durante 18 o 19 min en el horno con aire. Controla el punto de tostado para que no se quemen.

Corta la pechuga en filetes y pásala por la plancha con una gota de AOVE. Corta en dados una vez cocinada.

Parte los tomates y el aguacate también en dados y las hojas de lechuga y la cebolla en tiras.

Coloca todos los ingredientes anteriores en un bol, añade la salsa, sazona y riega con un chorro de AOVE. Mezcla y prueba para ver qué tal de sal. Decora con pasas y almendras picadas por encima.

TIPS

No cortes la pechuga en tacos antes de cocinarla ya que, si lo haces, te quedará muy seca.

Si te ha sobrado algo de pechuga de la receta del pollo asado, puedes utilizarla.

Flores de alcachofa con sal de jamón

PARA 4

INGREDIENTES

4 alcachofas
50 g de jamón ibérico
Pimentón en escamas
Aceite de oliva virgen extra
Sal y mezcla de pimientas

Un clásico que no falla. Si tienes en cuenta los consejos básicos, tendrás un resultado de diez que te hará triunfar allí donde las hagas.

PASO A PASO

Retira las hojas superficiales de las alcachofas hasta que veas las más tiernas, que son de color pálido. Corta las puntas y también los rabos, de forma que queden con una base plana, y cuece unos 15 min o hasta que los corazones queden tiernos. Para ello, comprueba el punto clavando un cuchillo de forma que entre y salga con mucha facilidad. Saca del agua y escurre.

Abre con mucho cuidado las hojas de fuera hacia adentro de una en una. Sé paciente porque, si intentas abrirlas todas de golpe, se van a romper. Cocina a la plancha con unas gotas de AOVE por ambos lados y reserva.

Cocina ahora a la plancha el jamón hasta que se dore. Verás que sale mucho humo, pero es normal. Cuando esté dorado, retira de la sartén y deja enfriar unos minutos. Verás que de repente se vuelve crujiente. Corta con cuchillo en trocitos muy pequeños.

Dispón las flores de alcachofa en un plato, reparte el jamón por encima, ajusta de sal y acaba con un chorro de AOVE, el pimentón en escamas y la mezcla de pimientas.

TIPS

Reserva los rabos de las alcachofas para otras preparaciones como un hervido, un sofrito o directamente para hacer una tortilla.

Risotto de pato

PARA
2

INGREDIENTES

1 muslo y contramuslo de pato
200 g de setas variadas
180 g de arroz arborio o redondo
80 g de queso pecorino
50 g de cebolla
20 g de mantequilla
20 g de foie
1 l de fondo de ave (pág. 57)
Aceite de trufa
Aceite de oliva virgen extra
Sal y pimienta

Un risotto con mucho sabor que gusta a todo el mundo y te hace quedar como una estrella.

PASO A PASO

Mete el foie en el congelador hasta el momento que lo necesites.

Pica la cebolla y póchala con un buen chorro de AOVE. Seguidamente, añade las setas, pero trocea las que sean más grandes.

Desmenuza la carne de pato y sofríela junto con la cebolla y las setas unos instantes. Añade el arroz y cocina al mismo tiempo que remueves. Vierte el fondo en tres veces durante la cocción. Mantén un hervor suave removiendo sin parar. Ajusta de sal y pimienta.

Cuando lleves unos 15 min de cocción, agrega el queso rallado y la mantequilla, sin dejar de remover.

Apaga el fuego a los 17 min, ralla el foie por encima y riega con unas gotas de aceite de trufa, idealmente con un rociador.

TIPS

Puedes comprar un muslo y contramuslo confitado o hacerlo directamente en casa cociendo la carne con el fondo de ave en olla exprés durante 30 min, tiempo contado con el pitorro levantado.

El pecorino lo puedes sustituir por otro queso seco tipo parmesano o grana padano.

Merluza con ajonesa

PARA 2

INGREDIENTES

2 lomos de merluza, unos 150 g
80 g de salsa ajonesa (pág. 68)
1 tomate grande
Perejil fresco
Perejil seco
Aceite de oliva virgen extra
Sal y mezcla de pimientas

Este pescado suele ser un poco aburrido, pero con un simple cambio lo convertirás en algo delicioso, jugoso y ¡mucho más divertido!

PASO A PASO

Coloca los lomos de merluza en el centro de una bandeja de horno, mejor si está forrada con papel de hornear, y cúbrelos con salsa ajonesa.

Reparte alrededor el tomate cortado en rodajas finas y añade por encima un poco de sal, la mezcla de pimientas, AOVE y perejil seco. Hornea con aire a 200 °C durante 12 min.

Emplata a un lado las rodajas de tomates y al otro la merluza con su salsa. Decora con perejil fresco picado.

TIPS

La ajonesa la puedes haces perfectamente con huevo crudo porque se va a cocinar en el horno.

Carrilleras

PARA
4

INGREDIENTES

4 carrilleras de ternera
200 g de nata de montar
200 g de puerro
50 g de apio
4 zanahorias
2 cebollas medianas
2 dientes de ajo
2 tomates de pera
2 hojas de laurel
Fondo de carne o de ave (págs. 56 - 57)
Aceite de oliva virgen extra
Sal y 2 granos de pimienta

De las carnes más jugosas que vas a encontrar y un éxito de plato. Las puedes hacer de cerdo o ternera y aunque las dos están muy ricas, estas van a ser de ternera, pero te animo a que pruebes las dos versiones.

PASO A PASO

Cubre la base de una cazuela con AOVE y marca las carrilleras por ambos lados. Resérvalas de momento en un plato.

Corta las verduras en trozos de unos 2 cm y sofríelas en la misma cazuela que la carne. Déjalas que se pochen bien. Añade las carrilleras y el resto de ingredientes, excepto la nata, y cubre con el caldo.

Cocina en la olla a presión durante 90 min o en la tradicional durante 3 h a fuego bajo y con tapa. En este caso es importante que controles a lo largo de la cocción el nivel del caldo y si se evapora en exceso, baja el fuego y rectifica añadiendo más líquido si fuera necesario.

Una vez pasado el tiempo, retira con cuidado la carne para que no se desmenuce y reserva.

Tritura las verduras que han quedado en la olla junto con 50 g de caldo. Mezcla con la nata y deja que reduzca durante unos 10 min o hasta que tenga una textura napante.

Sirve las carrilleras en una fuente y cubre con la salsa.

TIPS

La cantidad de caldo depende de la olla que utilices. Si es a presión, cubre los ingredientes con el caldo justo. Si usas una olla tradicional, añade 10 cm más de caldo. Y si quieres hace un arroz de carrillera (pág. 243), vierte el caldo que vayas a necesitar para preparar el arroz.

Conejo al ajillo

PARA 4

INGREDIENTES

1 conejo troceado
1 cabeza de ajos
4 patatas
Pimentón dulce de la Vera
Hierbas frescas al gusto
Aceite de oliva virgen extra
Sal y pimienta

Le damos una pequeña vuelta al clásico conejo al ajillo, haciéndolo más saludable y, además, potenciando su sabor y dejándolo supertierno.

PASO A PASO

Impregna los trozos de conejo con AOVE, sal y pimienta, y colócalos en una fuente de horno. Corta la cabeza de ajos por la mitad y ponla boca abajo en el centro del recipiente. Tapa con papel de aluminio y hornea a 200 °C durante 2 h.

Mientras, lava y parte las patatas por la mitad, haz unos cortes superficiales con un cuchillo y sazona con pimentón, sal, pimienta y un chorro de AOVE. Mételas en una bandeja cuando el conejo lleve 1 h de cocción.

Una vez pasado el tiempo, destapa el conejo y hornea 10 min más, esta vez con aire para que se tueste ligeramente.

Extrae la carne de los ajos y pásala a un bol junto con el caldo que ha quedado en la fuente del conejo y añade hierbas frescas al gusto. Tritura y ajusta de sal.

Emplata los trozos de conejo con las patatas y reparte la salsa que has preparado por encima.

TIPS

El eneldo, el tomillo y el romero son hierbas que van geniales para este plato.

Rollo almendrado de tres chocolates

PARA 10

INGREDIENTES

Crepes
220 g de leche
60 g de almidón de yuca
50 g de harina de avena
15 g de cacao puro en polvo
4 huevos
1 chorrito de AOVE

Crema oscura
180 g de nata para montar
100 g de mascarpone (pág. 63)
10 g de endulzante granulado
15 g de cacao en polvo

Crema intermedia
(mismos ingredientes y cantidades)
5 g de cacao en polvo

Crema clara
(mismos ingredientes y cantidades)
10 g de manteca de cacao fundida

Cobertura
200 g de chocolate fundido
60 g de almendras picadas
15 g de aceite de coco

¡Es un pastel enrollado que te valdrá para cualquier día del año y también como tronco de Navidad!

PASO A PASO

Para las crepes, mezcla los huevos, la leche, el almidón, la harina, el cacao y un chorrito de AOVE, y deja reposar. En una sartén caliente vierte un poco de masa y extiende por toda la sartén para que quede una masa fina. Cocina hasta que cuaje por un lado, dale la vuelta y cocina por el otro. Consérvalas entre dos platos para preservar su humedad y flexibilidad.

Añade los ingredientes de la primera y de la segunda crema en dos boles distintos y bate con unas varillas hasta que sean consistentes. Para la tercera, mezcla la manteca de cacao con el endulzante y bate con las varillas en un bol con el resto de ingredientes.

Dispón seis crepes a lo largo, solapándose entre ellas. Extiende de manera uniforme la crema oscura, aproximadamente en las dos primeras crepes, la intermedia en las dos siguientes y acaba con la clara. Dobla hacia dentro los laterales y enrolla desde el extremo con la crema clara hacia la oscura. Enrolla bien con film transparente y refrigera al menos unas horas.

Para la cobertura, mezcla el chocolate con el aceite de coco y añade las almendras troceadas. Reparte sobre el rollo ya frío y refrigera para que se solidifique.

TIPS

Añade unos 30 g de chocolate blanco fundido para potenciar más el sabor de la crema clara.

Puedes utilizar mandioca, patata o maíz en vez de almidón de yuca.

Donakeds de mango y arándanos

PARA 12

INGREDIENTES

Galletas
100 g de harina de trigo sarraceno
75 g de mantequilla
70 g de endulzante
10 g de almidón de tapioca
2 g de esencia de vainilla
1 yema de huevo
1 g de levadura química
1 g de sal

Mousse
500 g de nata para montar
300 g de puré de mango
50 g de zumo de maracuyá
8 hojas de gelatina
Ralladura de 1 limón

Mermelada
1 kg de arándanos
100 g de dátiles sin hueso
50 g de agua

Cobertura
700 g de mermelada (elaboración anterior)
30 g de zumo de limón
8 hojas de gelatina

Relleno
150 g de mango triturado

Un postre de cuchara supersuave, adaptado de uno de los que aprendí en Le Cordon Bleu, pero con mi formato favorito de donas.

PASO A PASO

Para las galletas, bate en un bol con unas varillas la mantequilla fría y rallada con el endulzante y la sal. Añade la yema e integra. Incorpora la esencia de vainilla, la levadura, la harina y el almidón tamizados e integra de nuevo. Estira la masa entre dos papeles vegetales y enfría unos 30 min en la nevera. Estírala con un rodillo hasta que tengas un grosor de unos 2 o 3 mm y corta con un aro metálico de 8 cm. Enfríalas de nuevo y hornéalas después a 160 °C durante 15 min.

Para la mousse, hidrata las hojas de gelatina 10 min en agua fría. Escúrrelas y funde calentando 15 s en el microondas. Tritura el mango junto con el zumo de maracuyá, la ralladura de limón, 100 g de nata y la gelatina fundida. Semimonta el resto de la nata e integra. Pasa a una manga pastelera y rellena los moldes de donas. Congela.

Realiza una mermelada de arándanos añadiéndolos a una olla con los dátiles y el agua. Cuece unos 15 min hasta que reduzca y luego tritura hasta obtener una textura lisa.

Para la cobertura, mezcla la mermelada de arándanos con el zumo de limón y añade la gelatina previamente hidratada y luego fundida en el microondas. Reserva.

Coloca sobre una rejilla los donakeds congelados, cúbrelos con la cobertura, espera 15 s y vuelve a dar una segunda y una tercera vuelta. A continuación, colócalos sobre las galletas y rellena el centro con la mousse.

TIPS

No cometas el error de añadir más harina y confía en el frío.

Flan de chocolate

PARA 8

INGREDIENTES

500 g de leche entera
100 g de nata para montar
60 g de endulzante
50 g de cacao puro en polvo
4 huevos

Un flan clásico, pero con chocolate. Es uno de los postres que más me recuerdan a mi infancia. Lo normal era de huevo o de vainilla, y me encantaba, pero cuando lo hacían de chocolate, ¡era la locura! El resultado con estos ingredientes y tiempos de cocción será un flan consistente por fuera, pero supercremoso por dentro.

PASO A PASO

Pon todos los ingredientes en un cazo, salvo los huevos, y lleva a ebullición suave a la vez que mezclas.

Apaga el fuego e integra los huevos, pero sin haberlos batido en exceso para no añadir aire a la mezcla.

Reparte en los moldes y hornea al baño maría a 170 °C durante unos 30-35 min o hasta que metas un palillo y este salga limpio.

Deja enfriar hasta el día siguiente y sirve solo o con tus toppings preferidos.

TIPS

Para la base del flan, puedes poner pasta de dátil o miel o hacer un poco de caramelo, pero es opcional.

Si lo haces en un molde grande, tendrás que ajustar los tiempos. Cuidado porque será mucho más frágil que los individuales.

El agua para el baño maría debe estar ya caliente, de lo contrario necesitarás más tiempo de cocción.

UNOS

A

SE PRESENTAN SIN AVISAR

M

G
S
O

Carne con chimichurri

PARA 1

INGREDIENTES

1 chuleta o chuletón de ternera
200 g de tomates cherry
100 g de chimichurri (pág. 67)
1 yogur griego
Patatas baby
Escamas de pimentón
Escamas de sal
Pimienta recién molida

Teletransportarse a Argentina sin moverte de casa. Con una buena carne acompañada de este chimichurri te sentirás sin duda como allí.

PASO A PASO

Corta las patatas baby por la mitad y si son muy grandes, pártelas en cuartos. Imprégnalas con un poco de chimichurri por todos los lados, colócalas en una bandeja y hornea a 190 °C durante 40 min sin olvidarte de removerlas de vez en cuando. Haz lo mismo con los tomates cherry, pero ásalos solo 20 min.

Pasa la chuleta a la plancha o hazla en la barbacoa a fuego medio-alto por los dos lados y ponla al punto que más te guste.

Mezcla en un bol el yogur con una cucharada de chimichurri y reserva.

Cuando la carne esté lista, córtala y disponla en el plato donde la vayas a servir. Añade en un costado una cucharada generosa de yogur con chimichurri y dibuja una lágrima. Reparte sobre ella los tomates y las patatas asadas, y acaba con más chimichurri sobre la carne, escamas de sal, de pimentón y pimienta recién molida.

TIPS

Puedes usar otro tipo de carne sin problema para hacer este plato.

Bacalao gratinado

PARA 4

INGREDIENTES

4 lomos de bacalao de unos 150 g
100 g de mayonesa normal o de sriracha (pág. 77)
30 g de mantequilla
2 patatas grandes
Aceite de trufa o trufa rallada
Sal y pimienta

En su punto, superjugoso y con un toque por fuera lleno de sabor. Así es este plato, que acompañado de un puré trufado de patata queda brutal y para mí, mi receta favorita de bacalao.

PASO A PASO

Hierve las patatas con la piel durante 50 min, ásalas 1 h en el horno o cocínalas en un recipiente apto para el microondas unos 12 min a máxima potencia.

Aparte, coloca los lomos de bacalao con la piel hacia abajo en una bandeja y cubre con la mayonesa elegida. Hornea hasta que el pescado esté hecho y la mayonesa gratinada durante unos 12 min a 200 °C con aire a ser posible.

Una vez que las patatas estén hechas, pélalas y machácalas hasta que te quede una pasta sin grumos. Añade la mantequilla, sal, pimienta y aceite de trufa al gusto, y mezcla bien hasta que la mantequilla se funda y obtengas una textura cremosa.

Emplata con una base de puré de patata y sobre él coloca los lomos de bacalao.

TIPS

Para la mayonesa, te aconsejo que uses huevo crudo porque al cocinarse queda espectacular el gratinado.

En cuanto a la trufa, el aceite es muy accesible y dura un montón una vez abierto. Y en cuanto a las trufas, fuera de temporada, en algunos supermercados las encontrarás en conserva bastante económicas.

Pasta a la carbonara

PARA 2 - 3

INGREDIENTES

200 g de macarrones
100 g de guanciale
50 g de queso seco (tipo pecorino)
3 yemas de huevo
Aceite de oliva virgen extra
Sal y pimienta

La estrella de la pasta romana. Es una bomba de sabor que con los ingredientes correctos te hará sentirte en la misma Italia.

PASO A PASO

Cuece la pasta con sal hasta que quede al dente y reserva un poco del agua de la cocción. Aparte, sofríe en una sartén el guanciale cortado en tacos pequeños y escúrrelo cuando esté dorado.

Ralla el queso y pásalo a un bol amplio. Añade las yemas, echa bien de pimienta y bate hasta que obtengas una crema consistente. Agrega un poco del aceite caliente del guanciale y algo del agua de la cocción reservada también caliente. Mezcla todo de nuevo.

Incorpora la pasta y remueve para que se integre. Esto hazlo moviendo el bol, de forma que emulsione la salsa y crees la salsa de la carbonara.

Emplata añadiendo el guanciale por encima y un poco de pimienta recién molida.

TIPS

Si no tienes guanciale, puedes usar panceta o incluso tacos de jamón. Y si no tienes pecorino, utiliza parmesano o grana padano. No será el sabor auténtico, pero quedará también espectacular.

Si la crema va quedando muy espesa, añade más agua de la cocción y sigue emulsionando; y si te queda muy líquida, corrige con más queso rallado.

La yema, con este sistema, queda cocinada. Al añadir el aceite caliente y el agua, superará los 60 °C, pero no llegará a los 80 °C, que provocarían que cuajara.

Pechuga de pollo con salsa de setas

PARA 2

INGREDIENTES

1 pechuga entera de pollo
200 g de nata o leche de coco
150 g de setas variadas
½ cebolla
Aceite de oliva virgen extra
Sal y pimienta

Mi forma favorita de preparar las pechugas.
Quedan superjugosas y con un sabor espectacular.

PASO A PASO

Parte la pechuga por la mitad y hazle unos cortes superficiales. Ponle unas gotas de AOVE y marca por ambas caras. Retira y reserva.

Pica la cebolla y sofríela en la misma sartén donde has marcado el pollo. Agrega las setas y cocina a fuego medio hasta que estén en su punto. Incorpora entonces la nata, sazona con sal y pimienta, y deja que reduzca unos minutos.

Añade la pechuga y cocina unos minutos todo junto.

TIPS

La clave es cocinar lo justo el pollo para que no quede seco y tampoco crudo.

Puedes acompañarlo con verduras o patatas impregnadas con la salsa resultante o incluso mezclar un poco de arroz con la salsa.

Ensalada de burrata

PARA
1 - 2

INGREDIENTES

1 burrata
150 g de tomates cherry
50 g de pesto (pág. 66)
30 g de brotes verdes variados
20 g de piñones
Orégano seco
Aceite de oliva virgen extra
Sal en escamas
Sal

Le damos una pequeña vuelta a una de las ensaladas que nunca fallan. Partimos de la base de tomate y pesto para acompañar a la burrata, pero con unos ingredientes más que la van a convertir en especial.

PASO A PASO

Impregna los tomates con AOVE, sal y orégano, y ásalos durante 15 min a 200 °C en el horno, 15 min a 190 °C en la air fryer o saltéalos en una sartén.

Dispón los brotes verdes en el plato y coloca sobre ellos la burrata abierta. Reparte los tomates, añade el pesto y acaba con los piñones ligeramente tostados, un chorro de AOVE y unas escamas de sal.

TIPS

Los tomates cherry pueden ser rojos, amarillos, verdes o de distintas variedades como en este caso.

Huevos con puerros, espinacas y feta

PARA 4

INGREDIENTES

4 huevos
100 g de queso feta
4 dientes de ajo
1 puerro grande
1 manojo de espinacas
Cilantro fresco
Eneldo fresco
Escamas de pimentón
Aceite de oliva virgen extra
Sal y pimienta

Es un entrante con mucho sabor y perfecto para prepararlo sin apenas tiempo porque en unos minutos está listo y, además, es superversátil. Puedes ajustarlo perfectamente a lo que tengas en casa. Se parte de verduras salteadas a las que les añades unos huevos y acabas con queso y hierbas frescas.

PASO A PASO

Añade un chorro de AOVE a la sartén y precaliéntala a fuego medio.

Pela los ajos, dales un golpe para romperlos e incorpóralos a la sartén. Agrega también el puerro cortado en rodajas muy finas y cocina hasta que esté blandito. Echa entonces las espinacas y deja que reduzcan.

Casca los huevos y cocina todo sin dejar de remover hasta que estén casi cocinados, pero cremosos.

Desmenuza ahora el queso feta y reparte por encima. Acaba con el cilantro y el eneldo picados, unas escamas de pimentón y un chorrito de AOVE, aunque también le va genial un poco de aceite picante (pág. 77).

TIPS

Puedes sustituir el eneldo y el cilantro por las hierbas frescas que más te gusten.

Pisto de setas con huevo

PARA
4

INGREDIENTES

200 g de setas variadas
200 g de tomate triturado
4 huevos
1 berenjena
1 calabacín mediano
1 cebolla
1 pimiento rojo
1 pimiento verde
2 dientes de ajo picado
Pimentón dulce de la Vera
Escamas de pimentón
Aceite de oliva virgen extra
Sal y pimienta

¡De las mejores formas de tomar verduras! Con el toque de las setas y los huevos lo convierte, además, en un plato diez.

PASO A PASO

Corta los pimientos, la berenjena y el calabacín en dados de 1 cm.

Pica muy pequeñito los dientes de ajo y sofríelos con un chorro de AOVE a fuego medio. Para evitar que se quemen y cuando estén en su punto, añade la cebolla picada. Una vez la tengas lista, retira ambos y reserva en un plato.

Ahora sofríe en la misma olla los pimientos y resérvalos también cuando estén hechos. Haz lo mismo con la berenjena junto con el calabacín y reserva. En este caso cocina con tapa para que suelten sus jugos. Reserva.

Incorpora a continuación las setas, cortadas en trozos pequeños las que sean grandes. Sofríelas y reserva en el plato.

Agrega el tomate, pimentón, sazona con sal y deja que reduzca ligeramente. Cuando haya reducido, añade de nuevo las verduras y cocina unos minutos para que todo se integre bien y se acabe de cocinar el tomate.

Fríe los huevos de uno en uno con un poco de sal. Emplata el pisto en cazuelitas acompañado de un huevo frito y decora con escamas de pimentón.

TIPS

Cada vez que retires las verduras, cuélalas para eliminar el exceso de aceite y usa este para freír los huevos.

Las setas también pueden ser congeladas o en conserva.

Gofres de plátano con chocolate

PARA 4

INGREDIENTES

240 g de plátano
70 g de leche entera
50 g de chocolate picado
45 g de mantequilla
40 g de harina de trigo sarraceno, de sorgo o avena
20 g de almidón de patata, de yuca o maicena
10 g de polvo de hornear
2 huevos
1 cucharadita de vainilla en polvo

Estos gofres te llevarán a tu infancia. Van prácticamente con todo y, por su facilidad, se convertirán en fijos en casa.

PASO A PASO

Tritura todos los ingredientes, salvo el chocolate, y deja que la masa repose mientras se precalienta la gofrera. Agrega el chocolate picado a la masa y mezcla manualmente.

Engrásala y añade una buena cucharada de masa, cubriendo casi toda la superficie. Cocina hasta que cuaje completamente y se despegue con facilidad de las placas. Retira y vuelve a repetir hasta que acabes con la masa. Saldrán entre 2 a 4 gofres dependiendo del tamaño.

Sirve tus gofres con tus toppings preferidos y unas líneas de chocolate fundido.

TIPS

Los puedes acompañar con helado roto de caramelo (pág. 237).

Mousse de chocolate con naranja

PARA 4

INGREDIENTES

4 claras de huevo
80 g de chocolate puro
70 g de nata para montar
Ralladura de 1 naranja

Una mousse suave y muy peligrosa, y digo peligrosa porque si la tienes en casa, es difícil no acabar con toda de una sentada. Es puro placer tanto por el sabor como por la cremosidad de su aireado.

PASO A PASO

Calienta la nata sin que llegue a hervir, agrega ralladura de naranja y vierte sobre el chocolate picado. Mezcla con unas varillas para que el chocolate se funda y todo se integre.

Bate las claras hasta que estén totalmente montadas. Incorpora poco a poco al bol del chocolate, mezclando con movimientos envolventes, como si acariciaras el chocolate con las claras.

Pasa la crema a los moldes y refrigera al menos durante 2 h, aunque es mejor dejar la mousse de un día para otro, y decora con más ralladura en el momento de servir.

TIPS

Te aconsejo que uses chocolate del 70 % o superior de cacao, de lo contrario necesitarás añadir un poco de gelatina a la mezcla para que sea tan consistente como la receta original.

Las claras de huevos las encontrarás pasteurizadas en cualquier súper.

GO

UNA COMILONA
PARA UNA FINAL

Pizza napolitana sin gluten a la amatriciana

PARA 1

INGREDIENTES

105 g de almidón de patata
90 g de harina de mijo
37 g de harina de trigo sarraceno
15 g de psyllium en polvo
9 g de levadura seca de panadero
6 g de azúcar
270 ml de agua tibia
7 ml de vinagre de manzana
15 ml de aceite de oliva virgen extra
3 g de sal

Toppings
1 diente de ajo
50 g de guanciale o panceta ibérica
50 g de salsa clásica de tomate (pág. 78)
40 g de queso pecorino (o grana padano o parmesano)
Orégano seco

Aquí tienes la solución para poder disfrutar igualmente de una pizza brutal, saludable y ligera.

PASO A PASO
Divide el agua tibia en dos partes iguales y mezcla una con la levadura y el azúcar y la otra con el psyllium. Déjalas reposar unos 10 min. Verás cómo el psyllium se vuelve gelatinoso. Es importante remover muy bien y rápidamente. Mezcla en otro bol las harinas y la sal y añade las preparaciones anteriores junto con el AOVE y el vinagre. Amasa con las manos y procura que el psyllium se integre. Haz una bola y déjala reposar en un bol con tapa con un poco de AOVE al menos 2 h en un lugar seco y sin luz. En el horno apagado, genial.

Dale forma con las manos sobre un papel de horno enharinado. Del centro hacia los bordes y poco a poco, dejando ese grosor en el borde. Tapa de nuevo y que repose otros 30 o 60 min. Estira un poco más y precalienta el horno a unos 250 °C, con calor arriba y abajo y sin aire, colocando en la parte baja un pequeño bol con agua.

Pinta los bordes de la pizza con AOVE y reparte en el centro la salsa de tomate con el ajo picado integrado, el guanciale también picado y el pecorino rallado por encima. Hornea sobre papel vegetal hasta que los bordes se vean tostados. Al sacar la pizza del horno, espolvorea con orégano seco.

TIPS
Las masas sin gluten son menos elásticas que las que sí lo llevan, por eso tendrás que amasar bien con las manos.

Si tienes un padellino o una piedra de horneado la base quedará como si la hicieras en una auténtica pizzería italiana.

Tacos de birria

PARA
4

INGREDIENTES

Guiso
400 g de carne para guisar
3 tomates
2 dientes de ajo
1 cebolla
1 cayena
4 vasos de agua
1 cucharadita de canela en polvo
1 cucharadita de orégano seco
1 cucharadita de sal y 1 cucharadita de pimienta

Montaje
12 tortillas para tacos (pág. 54)
2 aguacates
1 lima
Salsa de verduras
Carne desmigada
Queso rallado
Cilantro fresco

¡Uno de los tacos que más sorprenden en cada bocado! Partimos de un guiso y de él sacamos la parte principal del relleno y una salsa para mojarlos que queda brutal.

PASO A PASO
Corta las verduras en dados y cocínalas en una olla con la sal, las especias y 1 vaso de agua unos 30 min. Tritura todo y añádelo de nuevo a la olla junto con la carne y el resto del agua. Tapa y cocina 2 h y 30 min. En la olla a presión, durante 1 h. Una vez pasado el tiempo, deja que la carne se enfríe un poco y desmígala.

Reduce la salsa hasta que tenga consistencia. Aparte, mezcla la carne con la mitad de la salsa.

Para el montaje, pinta ligeramente las tortillas con la salsa y añade un poco de aguacate laminado. Sobre este reparte un poco de carne y sobre ella, queso rallado. Cierra y cocina a la plancha, en el horno o en la air fryer hasta que se funda el queso.

Por último, espolvorea cilantro picado y un chorrito de zumo de lima. Sirve junto con la salsa para mojar el taco.

TIPS
Puedes comprar las tortillas para tacos en cualquier súper si no quieres hacerlas o no tienes tiempo.

Costillar cajún

PARA
4

INGREDIENTES

1 costillar de cerdo
2 chalotas
1 cabeza de ajos
½ vaso de fondo de carne (pág. 56)
1 cucharada de pimentón dulce
½ cucharada de orégano seco
½ cucharada de albahaca seca
½ cucharada de tomillo seco
Pimentón picante al gusto
1 cucharada de aceite de oliva virgen extra
½ cucharadita de sal y ½ cucharada de pimienta

Un plato con un sabor espectacular que vas a potenciar en el último momento con una salsa rápida que preparas con los jugos del mismo costillar.

PASO A PASO

Pon en un bol todas las especias, la sal y el AOVE e impregna bien el costillar con esta mezcla.

Pasa la carne a una fuente de horno, añade las chalotas y los ajos sin pelar y el caldo. Tapa con papel de aluminio, pero ten cuidado de que no esté en contacto con el costillar, y hornea durante 3 h a 200 °C.

Saca la fuente del horno, retira el papel y mete las chalotas y los ajos sin piel en el vaso de la batidora junto con todo el jugo que han soltado las costillas. Tritura y cubre el costillar con la salsa. Hornea de nuevo 10 min a 200 °C, pero esta vez con aire.

TIPS

Es importante que el horneado final sea corto para evitar que la carne se reseque y se pierda el efecto supertierno que se ha conseguido con el horneado largo.

Hummus de alubias con salsa de tomate crudo

PARA 4

INGREDIENTES

Salsa de tomate crudo (pág. 79)

Hummus

400 g de alubias cocidas y escurridas
10 g de zumo de limón
10 g de tahini
20 g de aceite de oliva virgen extra
Sal y pimienta

Patacones

2 plátanos para freír
Aceite de oliva virgen extra
Sal y pimienta

Este es un entrante que no falla nunca, pero esta versión queda mucho más suave y acepta mejor los sabores que le puedas añadir, como esta salsa de tomate crudo que lo convierte en un hummus único.

PASO A PASO

Tritura todos los ingredientes del hummus, pasa al plato donde lo vayas a servir y tapa con film si va a pasar mucho tiempo hasta que lo tomes para que no se reseque.

Pela los plátanos, córtalos por la mitad y luego en bastones gruesos. Impregna con AOVE, sal, y pimienta, y hornea unos 10 min a 200 °C.

Saca del horno y aplasta con fuerza, de forma que se expanda la parte central.

Impregna con un poco más de AOVE y hornea otros 10 min más o hasta que los bastones se vean tostados.

Reparte la salsa de tomate crudo sobre el hummus y sirve con los bastones de patacón.

TIPS

Aparte de escurrir el tomate, puedes escurrir también la salsa antes de añadir sobre el hummus para evitar un exceso de líquido.

Ensalada cowboy

PARA
4

INGREDIENTES

2 tomates maduros
2 pepinillos
1 aguacate
1 mango
1 pimiento verde italiano
1 puñado de aceitunas negras
1 puñado de anacardos tostados
1 puñado de cebollino
1 hoja de hierbabuena
Cilantro
Vinagreta de lima y cacahuete (pág. 83)
Sal y pimienta

¡El arte de la ensalada! Mezclando cosas ricas con un poco de sentido común y una buena vinagreta, seguro que aciertas. Para que empieces a experimentar, aquí te dejo una superidea.

PASO A PASO

Corta el mango, el aguacate, el pimiento y los tomates en dados, las aceitunas en láminas y pica los pepinillos. Añade las hierbas frescas picadas al bol.

Prepara la vinagreta, agrega y mezcla.

Ajusta de sal y pimienta y sirve.

TIPS

Está genial recién hecha, pero si la dejas reposar media hora todos los ingredientes van a desprender sus jugos y potenciarán al máximo su sabor.

Alitas con salsa barbacoa

PARA 4

INGREDIENTES

8 alitas de pollo
Salsa barbacoa (pág. 73)

¡La receta definitiva para unas alitas jugosas! Con este pequeño truquito jamás te quedarán secas. Además, con el toque de la salsa barbacoa, éxito asegurado.

PASO A PASO

Parte las alitas por la mitad, reservando las puntas para tu próximo caldo, y cuécelas en agua durante 30 min. Saca, escurre bien e imprégnalas con salsa barbacoa.

Hornéalas en la air fryer durante 10 min a 200 °C o en el horno a 220 °C unos 10 min o hasta que se vean tostadas. Sirve con más salsa barbacoa.

TIPS

No te excedas con el horneado final para evitar que queden secas. Si las cueces con caldo de pollo, el sabor será mucho más potente.

Fudge cheesecake de pecorino

PARA 8

INGREDIENTES

4 huevos
2 yemas de huevo
300 g de queso crema (pág. 63)
240 g de mascarpone (pág. 63)
200 g de nata para montar
70 g de endulzante
30 g de queso pecorino rallado (u otros quesos con diferente potencia e incluso un poco más de cantidad)

Una final merece un postre estrella, y nada mejor que un cheesecake fundente. Este, además, en formato individual, te permite usar solo las raciones concretas y las que no, podrás conservarlas en perfecto estado para otro momento.

PASO A PASO

Añade todos los ingredientes a un cazo, salvo los huevos, y calienta a baja temperatura a la vez que remueves hasta que se funda todo.

Retira del fuego y agrega los huevos de uno en uno sin dejar de mezclar.

Rellena unos moldes de unos 10 cm de diámetro y hornea durante 12 min a 180 °C. Puede que en tu horno varíen los tiempos, el punto lo sabrás cuando los bordes estén firmes y el centro baile aún un poco.

Saca del horno y refrigera hasta el día siguiente.

Cuando emplates, ralla un poco del queso que hayas usado.

TIPS

Es importante que los moldes o las tazas que utilices tengan la base plana y los cubras con papel de horno para facilitar el desmoldado. Solo tendrás que cortar un papel en forma del molde y colocarlo en el fondo.

Para desmoldar, pasa un cuchillo por el lateral y luego dale la vuelta sobre un plato como si fuera una tortilla. Retira el papel y coloca en otro plato. Parece un poco rollo, pero es muy sencillo.

También puedes prepararlo en un molde grande. En este caso los tiempos serán muy superiores, cerca de 30 min.

Pudin de chocolate

PARA
8 - 10

INGREDIENTES

10 hojas de gelatina
800 g de leche o bebida vegetal
300 g de nata para montar
250 g de chocolate puro
100 g de manteca de frutos secos
Cacao en polvo

Un postre de chocolate fácil, sin apenas esfuerzo, saludable y ¡con una cremosidad brutal!

PASO A PASO

Hidrata la gelatina en agua fría durante 10 min.

Mientras, funde el chocolate picado y mezcla con la nata y la manteca de frutos secos. Remueve a la vez que añades la leche.

Funde la gelatina escurrida durante unos segundos en el microondas e incorpórala a la mezcla del chocolate. Remueve y cuela para evitar que queden grumos o gelatina sin derretir.

Pasa a un molde de pan o de plum cake y refrigera unas 6 h, aunque es mejor dejarlo de un día para otro. Decora con cacao en polvo por encima.

TIPS

Para facilitar el desmoldado puedes forrar el molde con papel de acetato o con vegetal. Otra opción es congelar completamente y desmoldar estando congelado, luego solo tendrás que dejar que se descongele.

La manteca de frutos secos que mejor le va a este pudin es la de avellana, pero puedes usar la que tengas en casa.

UNA VISITA CON

PEQ

U E S

Brócoli gratinado

PARA
4

INGREDIENTES

300 g de brócoli
120 g de queso rallado
120 g de nata para montar
50 g de queso crema (pág. 63)
Sal y pimienta

Decoración
Hierbas frescas
Escamas de pimentón

Una forma genial para comer brócoli que va a gustar a grandes y pequeños y que, además, no puede ser más fácil de preparar.

PASO A PASO

Corta el brócoli en arbolitos y cuécelos en agua hirviendo con sal durante 5 min.

Escurre y colócalos en una cazuelita, fuente o sartén apta para el horno.

Mezcla en un bol el queso rallado, el crema, la nata y sazona con sal y pimienta al gusto y reparte sobre el brócoli. Hornea y gratina a 200 °C unos 20 min y decora con hierbas frescas, en este caso eneldo, y escamas de pimentón cuando lo saques del horno.

TIPS

También lo puedes hacer en la air fryer. Ponlo a 180-190 °C durante 18 min.

Albóndigas de pollo con tahini y guisantes

PARA
4

INGREDIENTES

Albóndigas

400 g de pechuga de pollo
30 g de piñones
30 g de tahini
6 hojas de cilantro picadas
3 hojas de hierbabuena picadas
¼ de cucharadita de comino en polvo
¼ de cucharadita de jengibre en polvo
Sal y ¼ de cucharadita de pimienta

Salsa

300 g de nata o leche de coco
200 g de guisantes cocidos o en conserva
40 g de tahini
6 champiñones portobello
1 chalota
1 diente de ajo
Aceite de oliva virgen extra
Sal y pimienta

Prepara unas ricas albóndigas, superjugosas y con un sabor brutal en muy poco tiempo.

PASO A PASO

Corta el pollo en porciones no muy grandes y mételo en la picadora. Tritura dando pulsaciones de un segundo y vete parando hasta que obtengas pedazos pequeños, pero evita que te quede hecho una masa. Añade el resto de ingredientes de las albóndigas, mezcla y forma bolitas del tamaño que desees.

Pon en una sartén un chorro de AOVE y cuando esté caliente, marca bien las albóndigas por todos lados. Resérvalas en un plato.

Añade un poco más de AOVE en la sartén y cocina unos segundos el ajo picado. Seguidamente incorpora la chalota picadita y cuando esté casi transparente, agrega los champiñones laminados. Déjalos que reduzcan y en ese momento echa los guisantes y el tahini, y remueve.

Vierte la nata o la leche de coco, salpimienta, distribuye las albóndigas por la sartén y cocina con la tapa puesta durante 15 min a fuego medio. Sirve caliente.

TIPS

Aunque no es obligatorio, mete el pollo un rato en el congelador antes de picarlo. Esto ayudará a triturarlo sin que quede una masa compacta.

Gambas al ajillo

PARA 4

INGREDIENTES

4 dientes de ajo
2 guindillas
500 g de gambones pelados
Cebollino picado
Escamas de pimentón o pimentón dulce de la Vera
Aceite de oliva virgen extra
Sal

¡Una forma de comer gambas que nunca falla! Puedes usar cualquier tipo de gamba, pero la verdad es que con gambón es un éxito asegurado.

PASO A PASO

Cubre la base de la sartén con AOVE y calienta el aceite. Añade los gambones, las guindillas enteras, los dientes de ajo con la piel para evitar que se quemen y sazona con sal.

Cuando los gambones estén dorados por las dos caras, retira todo al plato donde los vayas a servir. Acaba con escamas de pimentón o pimentón en polvo y cebollino picado.

TIPS

Ajusta el nivel de picante que te gusta con las guindillas. Puedes poner más cantidad, menos o dejarlas únicamente unos instantes y retirar. También puedes obviarlas si van a comer peques.

Pasta con tomate

PARA 4

INGREDIENTES

1 kg de tomates enteros en conserva
200 g de pasta
1 cucharada de mantequilla (opcional)
Albahaca fresca

¡Es pasta con tomate, aunque muy diferente a la que imaginas! Se hace sin salsa añadida, con la propia pasta, cociéndola con agua de tomate y consiguiendo el punto de sazón y sabor perfecto. Técnicamente se llama pasta risottata, ya que el proceso es similar al de la cocción de un risotto. La elaboración parece larga, pero no puede ser más sencilla.

PASO A PASO

Tritura los tomates junto con el líquido que viene dentro de las latas y luego escurre todo con la ayuda de una tela de cocina. Lo ideal sería dejarlo escurriéndolo unas horas, pero presionando bien puedes conseguir un buen resultado en un momento.

Añade la pasta a la sartén y tuéstala ligeramente. Comienza agregando a continuación el agua de tomate poco a poco y cocinando con la tapa puesta para que no se evapore en exceso. Remueve de vez en cuando. Llegará un punto en que parece que se pega el tomate, esto es porque comienza a caramelizar. Sigue con la cocción y verás que al añadir más agua se suelta. Durante el proceso puedes poner unas hojas de albahaca para aromatizar, que retirarás antes del emplatado.

Para que la pasta esté en su punto habrá que cocinarla unos 5 min más que el tiempo indicado por el fabricante y debe quedar un poco de líquido. Incorpora la mantequilla y remueve sin parar para que la grasa emulsione con los almidones de la pasta y el agua, creando una crema. Emplata y decora con albahaca fresca.

TIPS

Reserva la pulpa de los tomates para otras preparaciones, por ejemplo, para untar tostadas, añadir a la pizza o usar en la boloñesa.

Lasaña

PARA 4

INGREDIENTES

8 crepes de yuca (pág. 54)
600 g de boloñesa (pág. 81)
400 g de bechamel de yuca (pág. 75)
100 g de queso rallado

Un clásico que nunca falla con unos toques especiales que harán que la cocines una y otra vez y se convierta en el plato estrella cuando vengan invitados. Además de gustar a todo el mundo, la facilidad de elaboración y el poder tenerla preparada con antelación la hace inigualable. Se elabora montando subrecetas que encontrarás en otras páginas, por lo que la tendrás lista simplemente guardando porciones cuando hagas los otros platos.

PASO A PASO

Una vez tengas preparadas la boloñesa, las crepes y la bechamel puedes comenzar con el resto de la receta.

Corta las crepes en forma cuadrada o ajustando al tamaño de la fuente que vayas a utilizar.

Mezcla la mitad de la bechamel con la boloñesa. Pon en la base de la fuente un poco de la bechamel restante y coloca sobre ella una capa de crepes.

Seguidamente dispón una capa de la mezcla de la boloñesa con la bechamel y un poco del queso rallado. Coloca de nuevo otra capa de crepes y repite dos veces esta operación. Añade la última capa de crepes y reparte por encima el resto de la bechamel con el queso rallado que queda.

Hornea hasta que se gratine la parte superior. Serán unos 15 min a 200 °C con aire.

TIPS

Es una receta ideal para prepararla con antelación ya que se puede conservar en la misma fuente sin hornear para darle el toque de horno final cuando se quiera servir.

Pizza de quinoa

PARA 1

INGREDIENTES

100 g de quinoa (pesada en seco)
40 g de agua
3 g de aceite de oliva virgen extra
Sal

Toppings
80 g de queso rallado
60 g de salsa clásica de tomate (pág. 78)
Rúcula
Jamón ibérico
Hojas de albahaca

Es una de mis primeras recetas virales, a la que más cariño le tengo y una masa que casi todo el mundo que me seguía en pandemia la cocinó en casa.

PASO A PASO

Limpia la quinoa. Para ello, introdúcela en un bol, añade agua, remueve y cuela. Repite varias veces hasta que el agua salga limpia. Luego, déjala en remojo un mínimo de 3 h, aunque lo ideal sería dejarla toda noche o hacerlo por la mañana nada más te despiertes. Pasado el tiempo, enjuaga y escurre.

Añade la quinoa limpia al vaso de la batidora junto con los 40 g de agua, sal y el AOVE, y tritura hasta obtener una crema lo más lisa posible en la que no se perciban los granos.

Forra una bandeja con papel de horno e imprégnalo ligeramente con AOVE. Reparte la masa, dando forma circular con el dorso de una cuchara. Intenta dejarla lo más fina posible, pero sin huecos.

Hornea unos 8 o 10 min a 200 °C, con aire y calor arriba y abajo, hasta que la masa esté tostada.

Saca del horno y rellena con los toppings. Añade primero el queso para que esté protegida la masa y sobre él reparte la salsa de tomate. Hornea hasta que se vea todo cocinado y los bordes tostaditos. Tardará unos 10 min aproximadamente. Ya en frío coloca el jamón, la rúcula y unas hojas de albahaca.

TIPS

No cometas el error de añadir tomate directamente en la masa y tampoco uses tomate natural, ya que tendrá demasiada agua y fastidiará la masa. Puedes usar la pulpa que te sobró de la pasta con tomate, que ya no tiene agua.

Falafel thai

PARA 4

INGREDIENTES

½ ajo sin hebra
250 g de garbanzos (remojados durante al menos 12 horas)
100 g de chalota
5 g de cilantro
5 g de cebollino
3 g de hojas perejil
1 cucharadita de cúrcuma
½ cucharadita de jengibre
Ranchera (pág. 69)
20 g de aceite de oliva virgen extra
3 g de sal
2 g de pimienta

Una de las mejores formas y más divertidas de comer legumbres, que gustan a todo el mundo y que los puedes llevar donde quieras.

PASO A PASO

Precalienta el horno a 190 °C mientras picas la chalota, las hojas de perejil, de cilantro y el cebollino. Luego, tritura todos los ingredientes hasta que obtengas una masa.

Con ayuda de dos cucharas, forma los falafeles y colócalos sobre una bandeja forrada con papel vegetal. Te saldrán aproximadamente 12 unidades. Hornea unos 30 min o hasta que veas que están dorados.

Sirve con la salsa ranchera.

TIPS

También puedes acompañarlos de tzatziki (pág. 72).

Nube de queso

PARA 8

INGREDIENTES

4 huevos
180 g de queso crema (pág. 63)
35 g de endulzante
30 g de almidón de patata, de yuca o de maicena
20 g de leche
2 g de vainilla líquida

Es un pastel de queso superesponjoso, también llamado cheesecake nube, por lo ligero que es y porque, literalmente, se deshace en la boca.

PASO A PASO

Separa las claras de las yemas y mezcla estas últimas con el queso y la vainilla hasta que obtengas una crema ligera.

Disuelve el almidón en la leche y añade a la mezcla anterior.

Monta las claras a punto de nieve, añade el endulzante e integra a la mezcla del queso con cuidado. Pasa la crema a un molde redondo de 15 cm y hornea al baño maría durante 50 min a 145 °C.

Deja enfriar con la puerta del horno entreabierta y tras un par de horas desmolda y espolvorea con endulzante glas, que se obtiene triturando el endulzante hasta conseguir polvo.

TIPS

Es muy importante que compruebes que el pastel está totalmente cocido. Es mejor tenerlo unos minutos de más que quedarse corto de tiempo, ya que en este caso podría no hacerse bien la parte inferior. La clave es que cuando toques la parte superior, esté bastante consistente.

Si el molde es más grande, quedará más bajo y necesitarás menos tiempo de cocción. Para un molde de 20 cm, duplica las cantidades.

Barritas de caramelo y chocolate

PARA 4

INGREDIENTES

Caramelo salado

150 g de manteca de frutos secos
100 g de dátiles sin hueso
50 g del agua del remojo de los dátiles
¼ de cucharadita de sal

Mousse de chocolate

240 g de nata semimontada
180 g de chocolate (70 % de cacao)
85 g de leche entera
85 g de nata líquida
30 g de endulzante
2 hojas de gelatina (4 g)

Cobertura

300 g de chocolate puro
45 g de aceite de coco u otro
Escamas de sal

Un relleno de mousse de chocolate supersuave acompañada de caramelo salado que las convierte en uno de los bocados más brutales del mundo. ¡Y lo mejor es que te valen tanto frías como heladas!

PASO A PASO

Para el caramelo salado, hidrata los dátiles durante 10 min en agua caliente y reserva 50 g del agua del remojo. Tritura la manteca junto con los dátiles, el agua y la cucharadita de sal hasta que obtengas una crema homogénea. Pasa a una manga y reparte en los moldes que vayas a usar (saldrán aproximadamente 12 unidades), rellenando solo un tercio de su capacidad. Congela hasta que cojan consistencia.

Mientras, hidrata las hojas de gelatina en agua fría. Calienta la leche y 85 g de nata hasta justo antes de que empiece a burbujear y añade entonces la gelatina escurrida. Mezcla, cuela y añade sobre un bol con el chocolate picado. Remueve hasta que la crema sea homogénea.

Semimonta el resto de la nata e integra con movimientos envolventes en la mezcla anterior en tres tandas. Pasa a una manga, rellena los moldes del todo y congela durante al menos 24 h.

Para la cobertura, funde el chocolate al baño maría o en el microondas con golpes de 30 s a máxima potencia. Añade el aceite de coco y mezcla bien. Sumerge cada barrita en el chocolate, escurre y deja enfriar.

Decora haciendo líneas con el chocolate que te ha sobrado y añade escamas de sal justo antes de llevar a la mesa.

TIPS

Con la manteca de avellanas quedan muy ricas, pero puedes emplear tu manteca favorita de frutos secos.

Mochis de mango

PARA 10

INGREDIENTES

Relleno

1 mango picado
200 g de nata para montar fría
100 g de puré de mango (mango triturado)

Masa de arroz

220 g de leche o agua
150 g de harina de arroz glutinoso (es imprescindible. En internet puedes conseguirla rápidamente y barata)
20-30 g de endulzante granulado

Un dulce típico japonés que cada vez podemos ver más en España. La verdad es que quien los prueba, se vuelve un poco fan desde el primer momento. Se trata de una masa elástica de arroz que envuelve un relleno cremoso.

PASO A PASO

Para el relleno, monta la nata con unas varillas eléctricas e integra con movimientos envolventes el puré de mango. Añade el mango picado y mezcla. Pasa a una manga pastelera y reserva en el congelador mientras preparas la masa de arroz.

Para la masa, mezcla en un recipiente la leche, la harina y el endulzante, tapa con un plato y cocina 1 min en el microondas. Saca y remueve bien. Repite dos veces el proceso. Tres tandas de 1 min en total. Luego dos tandas de 30 s. No debe quedar líquido. Tapa la masa para que no se reseque y deja enfriar.

Una vez fría, espolvorea con maicena u otro almidón la superficie donde vayas a trabajar, estira la masa ligeramente y divídela en bolas pequeñas. Imprégnalas con un poco de almidón y amasa con un rodillo hasta que obtengas un grosor de unos 3 mm.

Coloca la masa estirada sobre un bol pequeño para que te sea más fácil cerrar los mochis. Añade el relleno en el centro sin llegar hasta arriba y cierra los extremos, presionando bien hasta que queden unidos. Corta el excedente, pasa por almidón y directamente a un papel para magdalenas con el corte hacia abajo.

TIPS

Es importante que enfríes la crema del relleno para que sea consistente en el momento del montaje, pero tampoco dejes que se congele del todo.

UNA CENA
IMPROVISADA
PARA

Provolone

PARA
2

INGREDIENTES

1 provolone
6 tomates cherry
50 g de salsa clásica de tomate (pág. 78)
20 g de pesto (pág. 66)
Orégano seco
Sal y pimienta

El entrante más fácil y a la vez exitoso que puedes preparar. El esfuerzo es mínimo y el resultado, ¡genial!

PASO A PASO

Vierte en una fuente pequeña apta para el horno un poco de salsa de tomate y coloca encima el provolone.

Corta los cherry por la mitad e imprégnalos con sal, pimienta y orégano seco. Disponlos sobre el queso y hornea a 200 °C unos 15 min o hasta que el provolone se haya fundido.

Ya fuera del horno, decora con unas líneas de pesto y sirve inmediatamente.

TIPS

El provolone lo venden envasado en unidades individuales de ración.

Ensalada de ventresca

PARA 2

INGREDIENTES

1 tomate grande
1 aguacate
150 g de garbanzos cocidos
120 g de ventresca en conserva
50 g de rúcula u otra hoja verde
30 g de cebolla encurtida (pág. 60)
30 g de piñones
20 g de pasas
Hierbas frescas
Comino seco
Vinagreta de jengibre (pág. 82)
Vinagre de Módena
Escamas de pimentón
Escamas de sal
Aceite de oliva virgen extra
Sal y pimienta

Para el día que vas con prisas y te quieres hacer algo rápido y fresco nada mejor que una ensalada. Pero ya que estás, haz una ensalada de verdad.

PASO A PASO

Mezcla los garbanzos con sal, AOVE, pimienta y comino, y hornéalos 15 min a 200 °C en el horno, 12 min a 190 °C en la air fryer o saltéalos unos minutos en la sartén.

Aliña la rúcula con un poco de AOVE, sal y un chorro de vinagre de Módena, y reparte en la base de la fuente donde vayas a servir la ensalada.

Coloca la ventresca en el centro y distribuye alrededor el tomate cortado en rodajas, el aguacate y la cebolla laminados y los garbanzos asados.

Por encima, reparte los piñones ligeramente tostados en la sartén y las pasas. Salsea con vinagreta de jengibre y acaba con hierbas frescas picadas y escamas de sal y pimentón.

TIPS

En vez de cebolla encurtida puedes utilizar cebolla morada natural.

Como hierbas frescas, yo suelo usar eneldo, cilantro, cebollino y/o albahaca.

Solomillo con salsa de cebolla caramelizada al vino tinto

PARA 2

INGREDIENTES

1 solomillo ibérico
200 g de caldo de huesos, cocido, fondo de carne o de ave (pág. 56-58)
100 g de cebolla caramelizada (pág. 66)
150 ml de vino tinto
Aceite de oliva virgen extra
Sal y pimienta

Una forma deliciosa y sorprendente de subir de nivel un simple solomillo. Aquí el solomillo es ibérico, pero puedes usar sin problema uno blanco o de ternera.

PASO A PASO

Corta el solomillo en rodajas de unos 2 cm y marca en una sartén con un chorrito de AOVE. Ajusta al punto que más te guste. Los tiempos dependerán de la potencia del fuego y de tu cocina. Reserva en un plato.

Añade la cebolla a la sartén. En caso de que uses cebolla cruda, cocina a fuego medio hasta que se poche. De lo contrario, incorpora la caramelizada y remueve para que se impregne con el sabor de la carne y seguidamente vierte el vino y el caldo. Deja que reduzca 10 min y a continuación tritura. Ajusta de sal y pimienta.

Pasa de nuevo a la sartén y añade ahora el solomillo, pero esta vez solo para calentarlo y se impregne bien con el sabor de la salsa.

Sirve la carne y acompaña con un poco de salsa por encima.

TIPS

Puedes usar la cebolla caramelizada si ya la tienes lista, prepararla expresamente o coger el atajo de cortarla en juliana y pocharla en el momento.

Rape con tomate

PARA
2

INGREDIENTES

400 g de rape fresco
800 g de tomate entero pelado en conserva
100 g de cebolla
20 g de carne de pimiento choricero
3 dientes de ajo
Salsa tahini (pág. 80)
Hierbas frescas
Aceite de oliva virgen extra
Sal y pimienta

Una forma diferente de preparar el rape, disfrutando de su jugosidad junto con una mezcla de sabores que lo hacen brutal.

PASO A PASO

Añade un poco de AOVE a la sartén y dora ligeramente los dientes de ajo cortados en láminas. A continuación, añade la cebolla picada y sofríe todo junto.

Agrega el pimiento choricero, remueve y cocina unos instantes. Vierte el bote entero de tomate, con el caldo que trae incluido, aplasta los tomates, rompiéndolos un poco, y cocina unos 15 min hasta que la salsa reduzca. Salpimienta al gusto, incorpora el rape y cocina 10 min aproximadamente.

Una vez cocinado el rape, pásalo al plato y cubre con el tomate. Decora con unas líneas de salsa tahini y hierbas frescas picadas. En este caso, cilantro, eneldo y hierbabuena.

TIPS

Puedes usar para esta receta cualquier otro pescado blanco.

Huevos rotos con carabineros

PARA 2

INGREDIENTES

4 carabineros
4 huevos
8 pimientos de Padrón
2 patatas agrias
Aceite de oliva virgen extra

Decoración
Escamas de pimentón
Sal en escamas y pimienta negra

Es el plato estrella de muchos restaurantes de nivel, pero que de una forma muy sencilla vas a poder replicar en casa a la perfección.

PASO A PASO
Pela y corta las patatas en bastones, imprégnalas con AOVE y cocina en el horno con aire a 200 °C o en la air fryer a 190 °C hasta que se doren. Te costará unos 15 o 20 min y es importante remover varias veces mientras se hacen.

Añade AOVE a una sartén y dora los carabineros con caparazón. Retira los carabineros del fuego y fríe los huevos en el aceite que ha quedado en la sartén con los pimientos.

Emplata repartiendo las patatas y coloca sobre ellas los huevos, los pimientos y los carabineros, y decora con escamas de pimentón, sal en escamas y pimienta negra.

TIPS
Puedes usar otro tipo de gamba que no sean carabineros, pero con ellos este plato es excepcional.

Los carabineros los puedes poner tal cual o pelar dejando las cabezas. En el momento de servir, aprieta estas ligeramente para que se desprendan sus juegos y todo su sabor.

Para que las patatas queden más crujientes, déjalas unos minutos en un bol con agua y hielo. Perderán el almidón después de cortarlas.

Sándwich de lechuga y pollo crujiente

PARA 2

INGREDIENTES

1 pechuga de pollo
2 hojas grandes de lechuga o 4 medianas
1 cebolla morada
1 huevo
1 tomate
50 g de anacardos tostados
50 g de copos de maíz sin azúcar
Salsa de pepinillos (pág. 80)
Ajo en polvo
Comino seco
Pimentón de la Vera
Sal y pimienta

Una pechuga supercrujiente por fuera y tierna por dentro, envuelta en lechuga y con mucho sabor. ¡Suena bien y sabe aún mejor!

PASO A PASO

Tritura los anacardos y los copos de maíz sin que lleguen a convertirse en polvo. Añade sal y todas las especias, y pasa a un plato hondo.

Bate el huevo en otro plato.

Corta la pechuga por la mitad y déjala en dos filetes gruesos. Pásala por huevo batido y seguidamente por la mezcla de anacardos y maíz.

Cocina en la air fryer 15 min a 180 °C o 17 min a 200 °C en el horno con el ventilador encendido si tienes posibilidad. Los tiempos pueden variar en función del grosor de los filetes y del horno.

Impregna el interior de las hojas de lechuga con la salsa y añade rodajas finas de tomate, el pollo con un poco de salsa por encima y la cebolla laminada.

TIPS

En vez de anacardos, puedes utilizar almendras u otro fruto seco.

Es importante que compruebes el punto de cocción del pollo, ya que, si queda crudo, además de ser desagradable, puede producir intoxicación; y si se pasa la cocción quedará muy seco.

Curry de salmón

PARA 2

INGREDIENTES

400 g de salmón
200 g de calabaza
200 g de leche de coco
1 lima
½ cebolla morada
1 cucharada de salsa de soja
1 cucharadita de orégano fresco
½ cucharadita de jengibre en polvo
¼ de cucharadita de cúrcuma
Cayena
Cilantro fresco
Aceite de oliva virgen extra
Sal y ¼ de cucharadita pimienta

Una manera fácil de cocinar el salmón. En casa es uno de los platos que más triunfa desde hace años y seguro que cuando lo pruebes se convierte en una de tus recetas fijas.

PASO A PASO

Marca el salmón en una sartén con un poco de AOVE y reserva en un plato.

En la misma sartén, sofríe la cebolla picada y agrega seguidamente la calabaza cortada en dados. Cocina hasta que empiece a estar blandita.

Incorpora la salsa de soja, las especias y las hierbas, menos el cilantro, y mezcla unos instantes. Vierte la leche de coco y reduce unos minutos.

Prueba el punto de sal y añade si es necesario, al igual que el punto de picante. Añade el salmón desmenuzado y mezcla. Acaba con un chorro de zumo de lima, su ralladura y cilantro fresco picado.

TIPS

Es esencial cocinar la pieza entera de salmón y luego desmenuzar, ya que si lo cocinas desmenuzado directamente puede romperse en exceso y quedar, además, menos jugoso.

Macedonia con cheesecake exprés

PARA 2

INGREDIENTES

Macedonia
2 kiwis verdes
2 naranjas
1 mango
1 plátano
150 g de fresas
150 g de sandía

Cheesecake
120 g de nata para montar
100 g de mascarpone (pág. 63)
10 g de endulzante granulado
Ralladura de lima

No hay nada mejor que la fruta, y qué mejor forma de terminar una comida que combinar todas las que más te gusten en compañía ¡de un cheesecake exprés!

PASO A PASO

Corta todas las frutas de la macedonia en dados de un tamaño similar, reservando 1 naranja, y pasa a un bol. Exprime la naranja reservada y vierte el zumo sobre las frutas. Guarda en frío hasta el momento de servir.

Bate con unas varillas eléctricas los ingredientes del cheesecake hasta que obtengas una crema consistente.

Reparte la macedonia en vasos o tazas y añade una cucharada de cheesecake por encima con ralladura de lima.

TIPS

Si no tienes varillas, mete los ingredientes del cheesecake en un bote con tapa y mueve enérgicamente un par de minutos hasta que sea consistente.

Puedes decorar la macedonia con frutos secos picados, unas líneas de chocolate o manteca de frutos secos.

Crepes con chocolate

PARA 2

INGREDIENTES

2 crepes de yuca (pág. 54) o de la galette a la boscaiola (pág. 93)
200 g de nata para montar muy fría
80 g de chocolate puro (mín. 70 % de cacao)
20 g chocolate puro (mín. 70 % de cacao)
20 g de manteca de almendras
Fruta fresca
Pistachos

Un clásico que te saca de un apuro en pocos minutos. Esta lleva nata y chocolate, pero puedes dejar volar tu imaginación.

PASO A PASO
Cocina las crepes y reserva.

Monta 100 g de nata con unas varillas eléctricas y reserva en frío.

Pica el chocolate, pasa a un bol, calienta la nata que queda y añádela. Mezcla hasta que se funda el chocolate.

Cubre la mitad de cada crepe con una capa de chocolate, dobla por la mitad y luego dobla de nuevo. Pasa al plato y acaba con una bola de nata. Derrite 20 g de chocolate y haz líneas por encima con otras de crema de frutos secos, añade fruta fresca al gusto y decora con pistacho picados.

TIPS
Puedes probar también con un relleno de manteca de frutos secos, de mermelada e incluso añadir fruta en el interior.

Helado roto de caramelo, galletas y chocolate

PARA 2

INGREDIENTES

Helado
400 g de leche de coco
160 g de dátiles sin hueso hidratados
50 g de manteca de frutos secos
5 g de vainilla líquida (o 2 g de vainilla en polvo)

Decoración
50 g de chocolate puro (mín. 70 % de cacao)
2 galletas desmenuzadas

Si te preocupa que los helados se cristalicen, especialmente los saludables, aquí tienes la solución. Este tipo de helados, al no llevar azúcar y otros aditivos anticongelantes, sumados a que los congeladores de casa están a temperatura más baja que las heladerías —allí los tienen a -14 °C—, siempre se van a cristalizar, pero hay un truco que te permitirá tener helado disponible solo en 2 min. Te traigo uno de caramelo, aunque puedes hacerlo de lo que quieras.

PASO A PASO
Tritura los dátiles junto con la leche de coco, la manteca y la vainilla.

Cubre el fondo de una fuente, plato extenso o bandeja con papel de horno y reparte la mezcla. Cuanto más fina quede la capa, mejor. Tapa la superficie con film transparente para que no coja olores y mete en el congelador.

Una vez congelado por completo, retira el film y el papel y con un cuchillo pica ligeramente. Pasa a una picadora de aspas largas y tritura hasta obtener una mezcla uniforme. Añade el chocolate picado y las galletas troceadas y mezcla.

TIPS
El helado que no vayas a usar lo puedes repartir otra vez sobre una fuente forrada con papel de horno, taparlo con film y volver a congelar para otra ocasión.

PAE

UN DOMINGO DE

BARBACOA Y MUCHO MÁS

Paella:
recipiente donde vas a cocinar el arroz.

La paella que uso en esta receta es de 50 cm de diámetro. Con esta cantidad sale una capa de arroz de un dedo de grosor. A más cantidad de ingredientes, más grueso, pero el caldo no tiene que subir proporcionalmente, ya que habrá menos superficie de evaporación. Si pones menos ingredientes, sucede lo mismo.

A menor diámetro de paella con los mismos ingredientes pasará igual que en caso anterior.

Tiempo de cocción del arroz: a nivel del mar son 14 o 15 min; a mayor altura, por ejemplo, en Madrid, que está a 657 m sobre el nivel del mar, necesitarás 17 min; es una cuestión de presiones.

Cocción del arroz: empieza con mucha temperatura unos minutos y luego baja a fuego medio. A los 5 min no se tiene que ver el arroz —si se ve, te va a faltar caldo—. A los 8 min tiene que empezarse a ver ligeramente; si lo ves mucho, baja el fuego y plantéate añadir un poco de caldo. A los 11 min se ve claramente el arroz, pero aún queda bastante caldo. Y si mueves fuerte la paella notarás que el arroz no está cogido a la base —que se mueve—. A partir de aquí regula: si cuando falten 2 min tienes mucho caldo, acelera el fuego, y si queda muy poco, aguántalo más bajo.

Pasado este tiempo y sin caldo, apaga el fuego y deja reposar 10 min —este reposado es clave para que el arroz se acabe de cocer y quede en su punto—. Si esperas a verlo cocinado antes de apagar el fuego, se te va a pasar.

Los arroces «que no se pasan» —bomba, integrales, largos, etc.—no son buena opción para este tipo de platos. No absorben bien el sabor ni adoptan la textura adecuada. Si quieres algo específico: J. Sendra, bahía o sénia, pero no te líes: arroz redondo bien cocinado. Cuando te quede claro esto, te saldrán bien los arroces.

Puedes hacerla en la vitro, con un recipiente adecuado, pero te aconsejo que para el sofrito añadas todo directamente; el resto, igual.

Arroz de carrilleras

PARA 8

INGREDIENTES

Carrilleras

600 g de carrilleras de ternera
4 o 5 tomates pequeños
2 zanahorias medianas
1 cebolla
1,5 l de fondo de carne (pág. 56)
1,5 l de agua
1 vaso de vino tinto
1 cucharadita de romero
1 cucharadita de comino
1 cucharadita de orégano
Aceite de oliva virgen extra
Sal y ½ cucharadita de pimienta

Arroz

Carrilleras (elaboración anterior)
1 pimiento rojo
800 g de arroz redondo
400 g de setas variadas
200 g de tomate triturado
150 g de ajos tiernos
2 g de azafrán en polvo
2 g de pimentón de la Vera
2,5 l del caldo de las carrilleras
Aceite de oliva virgen extra
Sal

Ten en cuenta que las carrilleras tardan tiempo en cocinarse, así que te recomiendo que empieces con unas 3 horas de antelación o que las hagas antes y las congeles. Se hacen solas al fuego, por lo que mientras tanto puedes hacer otras tareas en casa.

PASO A PASO

Calienta AOVE en una cazuela y marca las carrilleras por todos los lados. Retira y añade las verduras cortadas en dados. Rehógalas durante unos minutos. Incorpora las carrilleras de nuevo, vierte el vaso de vino tinto y deja que se evapore parte del alcohol y reduzca durante al menos 5 min.

Agrega las especias, la sal, cubre con el agua y el fondo de carne, y cocina con tapa a fuego medio-bajo unas 2 h o hasta que las carrilleras estén tiernas. En la olla rápida, en 40 min las tendrás listas. Cuela, separa por una parte el caldo, por otra las carrilleras y las verduras.

Pon el fuego a temperatura media, añade AOVE en una paella y reparte sal alrededor para que no se queme la parte que no va a tener alimentos en un primer momento. Sofríe las setas y aparta a los laterales después de unos minutos. Después el pimiento cortado en tiras y tras 2 min añade los ajos tiernos en trozos pequeños. Aparta todo a los laterales.

Añade el pimentón y sofríe unos segundos sin que se queme. Incorpora el tomate triturado y el azafrán, cocina unos minutos, mezcla todo y vierte el caldo de las carrilleras reservado. Lleva a ebullición e incorpora el arroz.

A los 8 min, desmiga las carrilleras y reparte sobre la paella. Cocina el tiempo indicado, que será cerca de 15 min, y deja que repose fuera del fuego unos 10 min.

TIPS

En caso de que vayan a comer peques o embarazadas, sustituye el vino tinto por mosto.

Pollo lento con verduras asadas y romesco

PARA
4

INGREDIENTES

4 piernas de pollo deshuesadas
6 zanahorias pequeñas
4 puerros pequeños
Romesco (pág. 72)
Ramas de romero fresco
Aceite de oliva virgen extra
Sal y pimienta

Es un plato perfecto para hacer a la barbacoa.

PASO A PASO

Impregna una plancha amplia o una sartén con unas gotas de AOVE y salpimienta las piernas. Coloca el pollo con la piel hacia abajo y cocina a fuego muy bajo durante aproximadamente unos 40 o 50 min. Si tienes cocina eléctrica, ponlo a 3-4 sobre 9. Si ves que se tuesta muy rápido, baja aún más el fuego. En la barbacoa, cocina con muy pocas brasas.

Cuando la piel esté tostada, pero no quemada y la parte de arriba rosa casi cocinada, dale la vuelta, cocina un par de minutos y listo. Una vez el pollo haya soltado su grasa, tuesta durante unos minutos unas ramitas de romero fresco.

Paralelamente, cocina las verduras. Pela las zanahorias e imprégnalas con sal, pimienta y AOVE. Haz lo mismo con los puerros, pero en este caso no quites la piel. Cocínalas en el horno o a las brasas hasta que se tuesten, sin miedo a que los puerros se quemen porque la parte externa no la vas a consumir.

Para comer los puerros solo tienes que apretar en la parte del tallo con los dedos, provocando que el interior salga por el otro extremo.

Sirve el pollo con las verduras asadas, la salsa romesco y un poco de romero fresco para aromatizar el plato.

TIPS

No tengas prisa, ya que de esta forma conseguirás que la pieza quede bien cocinada y muy tierna.

Ensalada de rúcula, aceitunas y piñones

PARA 2

INGREDIENTES

120 g de rúcula
80 g de canónigos
80 g de piñones
60 g de aceitunas
20 g de vinagre de Módena
Vinagreta de naranja (pág. 82)

Una ensalada muy fresquita y ligera que va genial para acompañar comidas contundentes.

PASO A PASO

Tuesta ligeramente los piñones en una sartén hasta que estén dorados.

Como ingrediente extra, al aliño de naranja añádele el vinagre de Módena. Emulsiona bien.

Pon la rúcula, los canónigos, los piñones tostados y las aceitunas en un bol grande y salsea con la vinagreta por encima.

TIPS

Es una ensalada base para aligerar el arroz de carrillera, pero puedes añadir otros ingredientes para hacerla más completa.

Arroz del senyoret

PARA 6

INGREDIENTES

Fumet

Las pieles y cabezas de los crustáceos
2 dientes de ajo
1 cebolla
2,2 l de fondo de pescado (pág. 55)
Sal

Arroz

4 alcachofas
1 diente de ajo
600 g de gambas, gambones, cigalas, etc.
500 g de arroz redondo
500 g de calamar
200 g de tomate triturado
2 g de azafrán en polvo
2 g de pimentón de la Vera
2 l de fumet
Aceite de oliva virgen extra
Sal

Con este arroz no vas a tener que pelar gambas ni cortar ninguna pieza así que es perfecto para que los peques lo coman a gusto.

PASO A PASO

Para el fumet, pela todos los crustáceos, pica la cebolla y machaca los dientes de ajo.

En una olla con un chorro de AOVE añade la cebolla, los ajos, las pieles y las cabezas de las gambas, los gambones, etc., y sofríe durante unos minutos. Vierte el fondo y hierve durante 20 min. Después tritura y cuela. Reserva.

Añade AOVE a la paella y enciende el fuego a temperatura media. Alrededor del aceite espolvorea un poco de sal para que no se queme la parte que no va a tener alimentos en un primer momento. Sofríe ligeramente los crustáceos pelados y retira de la paella.

Corta el calamar en rodajas, sofríelo y aparta a los laterales de la paella. Corta las alcachofas en cuartos y sofríelas y aparta a los laterales también cuando estén hechas.

Agrega el ajo picado y cocina unos segundos sin que se queme junto con el pimentón y seguidamente añade el tomate triturado. Cuando este haya reducido, condimenta con el azafrán y a continuación mezcla todos los ingredientes que hay en la paella.

Vierte el fumet y deja que hierva. Ajusta de sal y añade el arroz. Cocina 5 min a fuego fuerte, 5 min a fuego bajo-medio y otros 5 min ajustando la temperatura en función del caldo que te quede. Cuando queden 5 min, añade las gambas, gambones, etc. Apaga el fuego y deja reposar otros 10 min.

TIPS

Puedes hacer el arroz con el fondo de pescado, pero tendrá menos potencia de sabor.

Ensalada de tomate con fresas

PARA 2

INGREDIENTES

2 tomates grandes
1 aguacate
½ cebolla tierna
50 g de fresas
Sésamo negro
Aceite de oliva virgen extra
Sal

Va genial con platos de carne, pescado y arroces, ya que hace la comida mucho más liviana. Como verás, esta ensalada no lleva vinagreta, pero es que no la necesita, pues la clave está en la combinación del tomate y las fresas sumada a la potencia de la cebolla cruda y rebajado con la suavidad del aguacate.

PASO A PASO

Corta los tomates en gajos pequeños y la cebolla en tiras finas. Reparte en el plato donde vayas a servir la ensalada y sobre ellos coloca la cebolla, el aguacate partido en dados y las fresas troceadas por la mitad. Acaba con sésamo negro, sal al gusto y un buen chorro de AOVE.

TIPS

El tomate puede ser de la variedad rosa, corazón de buey o el genérico de ensalada.

Xulla

PARA 4

INGREDIENTES

700 g de chuletas y chuletillas de cordero
Distintos embutidos (morcillas, chorizos, salchichas...)
4 alcachofas
2 patatas
1 pimiento
1 cebolla
1 berenjena
Pan
Alioli (pág. 68)
Aceite de oliva virgen extra
Sal

Es una barbacoa muy típica y sencilla de mi tierra, pero con unos toques que no fallan. Si dispones de una barbacoa genial, pero si no, ¡puedes hacerla en el horno o a la plancha sin problemas! Normalmente se prepara con chuletas de cordero y diferentes embutidos, aunque admite también otras carnes.

PASO A PASO

Añade un chorrito de AOVE a las verduras y envuelve cada uno individualmente con papel de aluminio. No hace falta que los peles. Colócalos cerca de la fuente de calor, sin estar en el fuego directo. Estarán cocinados cuando al introducir un cuchillo este entre y salga con facilidad.

Sala la carne por ambos lados y pásala por la barbacoa hasta que esté en su punto.

Parte el pan en rebanadas o a lo largo e imprégnalo con alioli. Cocina también hasta que se tueste.

Sirve en una fuente el pan junto con la carne, los vegetales y los embutidos, acompaña con más alioli en un bol ¡y a disfrutar!

TIPS

Cuando cocines con brasas es muy importante esperar a tenerlas sin llama para que la carne no se queme y se cocine correctamente.

Tarta arlequín

PARA 10

INGREDIENTES

Crepes
6 huevos
320 g de leche o bebida vegetal
70 g de harina de avena, de trigo sarraceno o de sorgo
70 g de almidón de yuca
25 g de cacao puro en polvo
Aceite de oliva virgen extra

Crema rosa
400 g de nata para montar fría
250 g de mascarpone (pág. 63)
150 g de mermelada de frambuesa
1 hoja de gelatina

Crema de cacao
450 g de nata para montar
250 g de mascarpone (pág. 63)
20 g de endulzante (o también ½ plátano machacado)
15 g de cacao puro en polvo

Una tarta de crepes con la que sorprenderás a todo el mundo y con un interior superoriginal. Cuando conozcas el truco, te darás cuenta de que es muy fácil de preparar.

PASO A PASO

Para las crepes, bate en un bol los huevos, la leche, la harina, el almidón, el cacao y un chorrito de AOVE, y deja reposar mientras se calienta la crepera o la sartén a fuego medio. Engrasa ligeramente, echa un cacito de masa y cocina una a una las crepes hasta que acabes con toda la masa. Consérvalas apiladas y en un recipiente cerrado o entre dos platos para que se mantengan húmedas. Córtalas con un aro, el mío es de 18 cm, o a mano para que queden uniformes.

Para la crema rosa, hidrata la hoja de gelatina. Aparte, bate con unas varillas la nata fría con el mascarpone. Escurre la gelatina y caliéntala en el microondas hasta que se funda. Integra con la mermelada y añade a la mezcla de la nata y el queso, y vuelve a batir. Pasa a una manga y refrigera.
Para la crema de cacao, bate todos los ingredientes con unas varillas hasta que quede una textura consistente. Pasa también a una manga.

Sobre una crepe haz unas líneas con una de las cremas, dejando un hueco entre medias. Coloca una crepe encima y marca los huecos vacíos aplastando hacia abajo. Rellena esos huecos con la otra crema. Repite hasta acabar con las dos cremas y las crepes y reserva una pequeña cantidad para rellenar los huecos laterales. Acaba con una crepe y ajusta los laterales. Refrigera y decora con cacao antes de servir.

TIPS

Es importante refrigerar la tarta cubierta con film transparente de un día para otro para que no se reseque. Se asentarán los ingredientes y la tarta tendrá mejor empaque.

Panna cotta de leche merengada

PARA 4

INGREDIENTES

300 g de nata para montar
100 g de leche entera
2 hojas de gelatina
1 lasca de piel de naranja
1 lasca de piel de limón
1 ramita de canela
½ vaina de vainilla
30 g de endulzante

Como su nombre indica, es nata cocida, pero lo que podría ser así de simple, que lo es, lo vamos a convertir, con un toque muy de aquí, en un postre espectacular de leche merengada.

PASO A PASO

Hidrata las hojas de gelatina en agua fría durante 10 min.

Pon a calentar la nata en un cazo junto con el resto de ingredientes (excepto la gelatina) y mantén una cocción a fuego bajo, sin acercarse al punto de ebullición, durante unos 10 min. Remueve sin parar con unas varillas.

Añade la gelatina para que se disuelva. Cuela la mezcla con un colador.

Reparte en vasos o en el recipiente donde la vayas a servir, deben estar engrasados, cubre con film y refrigera al menos durante 4 h, aunque es mejor siempre de un día para otro.

TIPS

Para hacer la panna cotta más ligera sustituye parte de nata por leche, pero cuanta más leche, menos cremosa te saldrá. En caso de hacerlo, añade ½ hoja de gelatina por cada 50 g de nata que reemplaces por leche.

Tartaleta de pistachos, coulis de fresa y panna cotta de coco

PARA 10

INGREDIENTES

Base
200 g de almendras tostadas
60 g de dátiles secos
50 g de aceite de coco
20 g de coco rallado

Crema de pistacho
1 huevo
70 g de pistachos en polvo
50 g de dátiles sin hueso
50 g de pasta de pistacho
40 g de mantequilla

Coulis de fresa
1,5 hojas de gelatina
150 g de puré de fresas
1 cucharadita de zumo de limón

Panna cotta de coco
3 hojas de gelatina
400 g de leche de coco
20 g de endulzante granulado

Decoración
Fresas y moras

Un entremet, un tipo de tarta francesa con distintas capas escondidas. ¿El resultado? Una locura.

PASO A PASO
Para la base, tritura las almendras junto con los dátiles secos, el aceite de coco y el coco rallado y forma la base y las paredes de la tartaleta en un molde de 20 cm.

Para la crema de pistacho, tritura todos los ingredientes, salvo el polvo de pistacho. Añade el polvo e integra manualmente. Pasa a la tartaleta y hornea durante 10 min a 160 °C.

Para el coulis de fresa, hidrata las hojas de gelatina 10 min en agua fría. Aparte, calienta el puré de fresas hasta justo antes de que hierva y agrega entonces la cucharadita de zumo de limón y la gelatina escurrida. Mezcla y reparte sobre la capa de pistacho. Deja enfriar al menos un par de horas.

Mientras, prepara la panna cotta de coco. Hidrata las gelatinas 10 min en agua fría. Calienta 100 g de leche de coco —sin que llegue a hervir— e incorpora la gelatina escurrida y el endulzante. Mezcla, cuela y vierte el resto del coco. Añade la panna cotta sobre el coulis.

Decora con fresas partidas y moras, y refrigera un mínimo de 6 horas, aunque es mejor dejar la tartaleta en la nevera de un día para otro.

TIPS
Es importante respetar los tiempos y las temperaturas ya que, de lo contrario, podrían mezclarse las capas.

DÍA

ENTERO
PARA
COCINAR

Carpaccio de tomate

PARA 2

INGREDIENTES

2 tomates maduros
1 diente de ajo
25 g de pistachos tostados
20 g de alcaparras
10 g de manteca de almendras o de otro fruto seco
10 g de zumo de limón
Eneldo fresco
Aceite de oliva virgen extra
Escamas de sal y pimienta

Entre tanta receta larga, hay que abrir boca con algo rápido y nada mejor que con una ensalada de tomate en forma de carpaccio superligera.

PASO A PASO

Reparte un chorro de AOVE en un plato.

Corta los tomates en láminas muy finas y distribúyelas sobre el aceite.

Añade a un bote 20 g de AOVE junto con el ajo y los pistachos picados, el zumo de limón, las alcaparras, la pimienta y la manteca de almendras.

Cierra y bate para que emulsione. Puedes hacerlo también en un bol con ayuda de unas varillas.

Reparte sobre los tomates y acaba con escamas de sal y eneldo picado.

TIPS

Lo puedes comer nada más prepararlo, pero si lo dejas reposando unos 30 min, sube aún más de nivel.

En esta receta los tomates son clave. En caso de no estar en temporada, puedes elegir el rosa o el raf, que suelen dar buen resultado todo el año.

Un truco para saber si un tomate es bueno, es sopesarlo. Si tiene mucho peso, es que es de buena calidad; y si se nota muy liviano, al contrario.

Paletilla de cordero extrajugosa

PARA 2

INGREDIENTES

1 paletilla de cordero (puedes usar pierna, pero queda más jugosa la paletilla)
8 champiñones
3 zanahorias
3 patatas
1 manojo de espárragos
1 vaso de fondo de carne o de ave (pág. ¿?)
1 cucharada de tomillo fresco
1 cucharada de romero fresco
1 cucharada de orégano fresco
Aceite de oliva virgen extra
Sal y pimienta

Seguro que la has probado alguna vez, y si ha sido en el típico restaurante que la hacen a baja temperatura, te parece brutal, pero luego en casa no consigues ese punto. Bien, la solución es fácil: crear la atmósfera correcta y tener paciencia.

PASO A PASO

Impregna la paletilla con las hierbas, sal y un chorro de AOVE, y masajéala ligeramente. Pasa a una bandeja honda y vierte el vaso del fondo elegido. Cubre con papel de aluminio, pero ten cuidado de que no esté en contacto con la carne. Hornea durante 3 h a 200 °C, con calor arriba y abajo y sin aire.

Una vez pasado el tiempo, retira el papel y hornea otros 5 min a 250 °C, esta vez con aire.

Corta las patatas y las zanahorias en bastones finos, quita el extremo duro de los espárragos y corta los champiñones en cuartos. Impregna con AOVE, sal, pimienta y las hierbas que has usado anteriormente, y hornea con aire 15 o 20 min a 190 °C. Acompaña la paletilla con los vegetales asados.

TIPS

Puedes sustituir la carne por pierna, pero queda más jugosa la paletilla.

Es importante que respetes los tiempos, tanto el horneado inicial como el secundario. Quedarte corto en el primero no dejará la paletilla jugosa y quedarte largo en el segundo secará la pieza.

Canelones de carrilleras con bechamel de yuca

PARA 4

INGREDIENTES

400 g de carrilleras (pág. 147)
400 g de bechamel de yuca (pág. 75)
100 g de boscaiola (pág. 74)
100 g de queso rallado
Crepes de yuca (pág. 54)

Son unos canelones hechos con una pasta en forma de crepe de yuca, rellenos de carrillera mechada de cerdo y culminados con una bechamel de yuca que se van a convertir seguro en tus favoritos.

PASO A PASO

Mezcla las carrilleras con la salsa boscaiola. Reparte el relleno en cada crepe y enrolla. Cuando la carne esté totalmente envuelta, corta y desecha el sobrante del crepe.

Reparte en la base de una fuente de horno unas cucharadas de bechamel de yuca y sobre ella dispón los canelones. Espolvorea con el queso y añade el resto de la bechamel. Hornea con aire a 200 °C durante 10 min.

TIPS

Puedes rellenar con carrilleras de ternera, hacer la receta con confit de pato mechado, con pollo mechado o incluso pescados como el atún o directamente con opciones vegetales.

Arroz caldoso de pulpo

PARA 6

INGREDIENTES

500 g de arroz
400 g de pulpo cocido
200 g de mejillones
200 g de tomate triturado
100 g de almejas
20 g de pulpa de ñora
2 g de azafrán en polvo
1 diente de ajo
½ pimiento verde
2 l de fondo de pescado (pág. 55)
Aceite de oliva virgen extra
Sal

Este plato caliente nunca falla. Queda genial también con fideos e incluso con legumbres.

PASO A PASO

Coloca las almejas en un bol con agua y sal al menos 1 h para que suelten la arena que puedan tener.

Añade AOVE a la paella y cuando el aceite esté caliente, sofríe un poco las patas de pulpo cortadas. Retira. Puedes añadir las patas en trozos grandes, pero si las cortas antes, te ahorrarás hacerlo en el plato y potenciarás el sabor del arroz. Corta el pimiento verde en tiras y sofríelo en la paella. Añade el ajo picado y cocina unos segundos sin que se queme y de inmediato incorpora la pulpa de ñora. Remueve y agrega el tomate triturado. Cuando haya reducido, echa el azafrán y el fondo de pescado. Cuando comience a hervir, ajusta de sal y añade el arroz y el pulpo de nuevo.

Empieza a cocinar el arroz unos minutos a mucha temperatura y a continuación baja a fuego medio. Mantén así otros 5 min más y después otros 5 o 6 min a fuego bajo. Remueve de vez en cuando para que el arroz suelte su almidón. Es conveniente que tengas más fondo caliente para añadir si fuera necesario. Cuando lleves 14 min de cocción, incorpora las almejas escurridas y los mejillones, que se abrirán con el calor de la cocción.

Retira rápidamente la paella del fuego y si puedes, coloca la base sobre un recipiente con agua para que no se pase el arroz.

TIPS

Si compras el pulpo fresco es mejor que te lo limpien. Congélalo 48 h para que se rompan las fibras y quede tierno. Cocínalo 40 min. Asústalo tres veces para que la curva de las patas sea más bonita, pero no afecta a la textura.

Pollo asado

PARA 2 - 4

INGREDIENTES

1 pollo entero
4 patatas medianas
4 champiñones
2 zanahorias
2 tomates
1 cabeza de ajos
1 cebolla grande
1 lima
1 cucharadita de tomillo fresco
1 cucharadita de romero fresco
1 cucharadita de pimentón de la Vera
½ vaso de fondo de ave (pág. 57)
2 cucharadas de aceite de oliva virgen extra
Sal y 1 cucharadita de pimienta negra o mezcla de pimientas

Te cuento los trucos para que el pollo asado quede superjugoso, con un sabor espectacular y con muy poco esfuerzo.

PASO A PASO

Añade a un bol el AOVE, un poco de sal y las especias y las hierbas, y remueve. Impregna bien el pollo con esta mezcla por todos los lados.

Corta la lima por la mitad y también la cabeza de ajos, e introdúcelas en el interior del pollo. Disponlo en una bandeja con las patas hacia arriba y coloca estas hacia el fondo del horno. Vierte el vaso de fondo y coloca la bandeja en la parte inferior del horno, un poco más abajo de la mitad. Hornea en un horno precalentado a 180 °C durante 1 h.

Mientras, corta la cebolla en rodajas finas, las patatas en rodajas gruesas, los tomates en cuartos, los champiñones en mitades y las zanahorias en trozos pequeños.

Saca el pollo, retira de la bandeja y coloca en la base de esta las patatas, la cebolla y reparte alrededor el resto de vegetales. Coloca el pollo de nuevo encima y vuelve a hornear 1 h más. Riega varias veces con el fondo para que no se reseque.

TIPS

La clave para que quede jugoso es que la piel no se rompa y cree un efecto vapor que hará que por dentro esté supertierno.

Si te sobra carne, guarda para añadírsela a un sándwich, una ensalada o unos tacos, por ejemplo. Dura en nevera uno o dos días, pero la puedes congelar.

Conserva los huesos para hacer un caldo. Puedes cocinar en el momento o congelar también. De esta forma, además, le das un toque extra de sabor.

Berenjena asada con ricota

PARA 2

INGREDIENTES

2 berenjenas
150 g de ricota (pág. 62)
Pipas de calabaza
Pipas de girasol
Pistachos
Piñones
Anacardos
Pasas
Vinagreta de jengibre (pág. 82)
Eneldo fresco
Escamas de pimentón
Escamas de sal y pimienta

Si eres fan de la berenjena, este plato te va a encantar. Y si aún no lo eres, puede hacerte cambiar de opinión. Queda supercremosa y con un sabor único.

PASO A PASO

Asa las berenjenas enteras: 50 min a 200 °C en el horno o 40 min a 180 °C en la air fryer. Una vez asadas, quítales la piel, pero no les retires el rabo.

Añade en cada plato una buena cucharada de ricota repartida con la ayuda del dorso de una cuchara. Sobre el queso coloca la berenjena.

Pica y tuesta un puñado de frutos secos ligeramente en una sartén, y reparte sobre las berenjenas junto con las pasas. Riega con la vinagreta de jengibre y acaba con unas escamas de pimentón, de sal y eneldo fresco picado.

TIPS

Si quieres ahorrar tiempo, puedes cocinar la berenjena al microondas durante 10 min a máxima potencia. No tendrá el sabor característico del asado, pero quedará también genial.

Puedes sustituir la ricota por cualquier otro queso (págs. 62-63).

Ñoquis caseros con boscaiola

PARA 2

INGREDIENTES

1 huevo
500 g de patatas
140 g de almidón de patata, mandioca o maicena
40 g de queso grana padano, parmesano o pecorino
Boscaiola (pág. 74)
Aceite de oliva virgen extra
Sal y pimienta

¡Mejor que los comprados! Saludables, muy fáciles de preparar y con una textura genial. Además, con la salsa boscaiola se convierten en un platazo.

PASO A PASO

Pela y corta las patatas en trozos para que se cocinen antes. Cuécelas hasta que estén totalmente blandas, serán unos 15 o 20 min en agua hirviendo. Es importante añadirlas a la cazuela cuando el agua esté aún fría.

Escurre y machaca bien hasta que no queden grumos. Añade el resto de ingredientes y mezcla hasta obtener una masa homogénea.

Espolvorea con almidón la superficie de trabajo y coge un poco de la mezcla con la mano. Haz una bola y con la ayuda de las manos dale forma de bastón largo, sin presionar en exceso. Corta en trozos de unos 3 cm y haz unas marcas con el tenedor. Esto hará que los ñoquis queden más bonitos y se impregnen mejor con la salsa. Espolvorea con almidón para que no se peguen y deja reposando mientras preparas la salsa.

Cocina los ñoquis en agua hirviendo y cuando empiecen a flotar, retira y pásalos directamente a la sartén con la salsa. Mezcla para que se impregnen bien, espolvorea el queso rallado de tu elección y emplata.

TIPS

Si no vas a usar los ñoquis en el momento, puedes meterlos en un táper y guardarlos en la nevera durante un par de días e incluso los puedes congelar.

MARIA
MARIA

Galletas María

PARA 6

INGREDIENTES

1 yema de huevo
90 g de harina de trigo sarraceno, de avena o sorgo
50 g de mantequilla fría
40 g de endulzante
20 g de almidón de patata, de yuca o maicena
10 g de agua
1 g de levadura química
1 g de vainilla
1 g de sal

Las clásicas con un crujiente supersuave y que van con todo. Te enseño a prepararlas con los trucos que aprendí en Le Cordon Bleu. Puedes acortar los pasos y eliminar los tiempos de espera. Saldrán también, pero habrá diferencias en el resultado final. Te animo a que lo intentes tal cual te cuento. Habrá un antes y un después en la elaboración de galletas caseras.

PASO A PASO

Ralla la mantequilla y mézclala con unas varillas en un bol con el endulzante y la sal hasta que se forme una arenilla sin ser una pasta.

Añade la yema de huevo, el agua y la vainilla, e integra. Incorpora ahora la harina, el almidón y la levadura, y amasa. No te excedas con el amasado para evitar que se derrita la mantequilla. Haz una bola, envuelve con film y enfría en la nevera durante 30 min.

Una vez pasado el tiempo, estira la masa entre dos papeles de horno de forma que quede con un grosor uniforme de unos 3 mm. Vuelve a enfriar la masa 30 min más y corta con un aro para dar forma a las galletas. Te saldrán entre 12 y 16 unidades. Enfría de nuevo las galletas 30 min, colócalas en una bandeja sin que se toquen y hornea 15 min a 160 °C hasta que estén doradas. Déjalas enfriar sobre una rejilla.

TIPS

Respeta los tiempos de enfriado, ya que de lo contrario te será muy difícil hacer las galletas. Podrías añadir harina para que sea más fácil, pero el resultado no será igual de bueno.

Donakeds de chocolate y matcha

PARA 12

INGREDIENTES

Bizcocho
4 huevos
300 g de batata o boniato pelado y crudo
200 g de dátiles sin hueso
60 g de aceite de coco
40 g de cacao puro en polvo
20 g de almidón de patata, de yuca o maicena
10 g de bicarbonato
10 g de polvo de hornear

Matcha líquido
100 g de agua caliente
5 g de té matcha

Crema
200 g de nata para montar fría
10 g de endulzante granulado
10 g de té matcha

Cobertura
300 g de chocolate puro (el mío, 80 % de cacao)
40 g de aceite de coco

Es una dona de boniato y chocolate relleno de una crema de matcha que le da un toque espectacular.

PASO A PASO

Para el bizcocho, precalienta el horno a 180 °C. Mientras, hidrata los dátiles en agua caliente durante 10 min. Pela el boniato y tritura. Añade el resto de ingredientes y vuelve a triturar.

Engrasa los moldes de los donakeds con AOVE y reparte la masa con ayuda de una manga pastelera. Llena ¾ de cada uno, da unos golpes para que quede la superficie plana y hornea 20 min. Deja que enfríen y desmolda.

Para el matcha líquido, mezcla el té con el agua hasta que no queden grumos y reserva.

Para la crema, bate todos los ingredientes con unas varillas eléctricas hasta que obtengas una mezcla consistente.

Corta los donakeds por la mitad y moja ligeramente el interior con el matcha líquido. Añade la crema con una manga sobre cada mitad inferior de bizcocho y cierra con la otra. Congela al menos 2 h.

Para la cobertura, derrite el chocolate picado al baño maría o con golpes de 30 s de microondas, añade el aceite de coco y mezcla. Coloca los donakeds sobre una rejilla y con una jarra aplica el baño de chocolate. Puedes decorar haciendo líneas de crema de pistacho.

TIPS

La cobertura de chocolate sobrante resérvala para otra receta colocando papel de horno debajo de la rejilla para recoger lo que caiga.

Tiramisú

PARA 6

INGREDIENTES

Bizcocho
Bizcochos de soletilla (pág. 61)

Crema
8 yemas de huevo
500 g de leche entera
400 g de mascarpone (pág. 63)
50 g de endulzante
30 g de almidón de yuca
5 g de vainilla

Cobertura
200 g de café largo
Cacao puro en polvo

Cuando estuve en Roma visitando a mi hermana, me llevó a probar los mejores de la ciudad y tras estar una semana entera recreándolos, aquí os comparto el resultado. Te aseguro que no tiene nada que envidiar e incluso supera a muchos...

PASO A PASO
Para la crema, bate todos los ingredientes, salvo el mascarpone, con unas varillas y cocina en un cazo o sartén a fuego medio sin dejar de remover hasta que la mezcla espese ligeramente. Pasa a una fuente y cubre con film de forma que quede en contacto y enfría en el congelador. Con 1 h será suficiente.

Una vez pasado el tiempo, bate con unas varillas la mezcla con el mascarpone.

Para el montaje, añade una cucharada de crema en el vaso donde vayas a servir el tiramisú. Empapa un bizcochito partido por la mitad en café y colócalo sobre la crema. Cubre con más crema y acaba con cacao espolvoreado. Continúa con el resto de crema y bizcochos y reserva lo que no vayas a usar en ese momento.

TIPS
Este es el clásico, pero puedes probar a añadir encima crema de limón, chocolate fundido con naranja, caramelo, mermeladas... ¡o lo que se te ocurra!

G A
R

CIAS

Quiero empezar dándote las gracias por confiar en mí y tener este libro en tus manos.

A Laura, mi mujer, catadora oficial, jueza diaria y apoyo incondicional, más conocida como @lapediatralaura. Sin ella no sería lo que soy ahora. Quiero agradecerle que haya sido parte activa en este libro haciendo algunas fotos, cocinando y, sobre todo, evaluando todas las recetas.

A mis dos minicatadores, Joel y Aleix, que además de ejercer de pinches oficiales, hacen que algunos platos se adapten a sus gustos y sean más alegres.

A mi familia, por continuar confiando en mis nuevas locuras, por raras que puedan parecerles.

A mis amigos de toda la vida, que siempre están pendientes y apoyándome a cada paso que doy.

A mis socios de Naked & Sated por apoyarme siempre en todo.

A mis queridas ELEYUVE (Ele y Uve) que nunca tienen un NO ante cualquiera de mis ocurrencias y lo ejecutan siempre todo de manera ¡top!

A mis primas de zumosol: Chus, Dácil, Natalia y todo el gran equipo de The Lab Talents, porque me ayudan a crecer cada día y hacen que todo sea posible y fácil.

¡A mis supereditoras Virginia e Inés! Por su apoyo desde el primer minuto y su ayuda con cada idea que tengo.

A Inés, que para mí es apuesta segura y siempre dice que sí antes incluso de conocer la propuesta. Es la increíble fotógrafa de la portada y de las fotos de la intro.

¡Millones de gracias a todos!

ÍNDICE ALFABÉTICO